以案说典

主　　编◎章兴成
副 主 编◎李学辉　郭志萍
执行主编◎杨振学

YI AN SHUO DIAN

法律出版社 LAW PRESS · CHINA
北京

图书在版编目(CIP)数据

以案说“典”／章兴成主编；李学辉，郭志萍副主编；杨振学执行主编. -- 北京：法律出版社，2023
ISBN 978-7-5197-8441-6

Ⅰ. ①以… Ⅱ. ①章… ②李… ③郭… ④杨… Ⅲ. ①民法-法典-案例-中国 Ⅳ. ①D923.05

中国国家版本馆 CIP 数据核字(2023)第 197379 号

以案说“典”
YI'AN SHUO“DIAN”

章兴成 | 主　编
李学辉 郭志萍 | 副主编
杨振学 | 执行主编

责任编辑 董　昱
装帧设计 鲍龙卉

出版发行 法律出版社
编辑统筹 法规出版分社
责任校对 张红蕊
责任印制 耿润瑜
经　　销 新华书店

开本 A5
印张 8.125　**字数** 132 千
版本 2023 年 12 月第 1 版
印次 2023 年 12 月第 1 次印刷
印刷 天津嘉恒印务有限公司

地址：北京市丰台区莲花池西里 7 号(100073)
网址：www.lawpress.com.cn
投稿邮箱：info@lawpress.com.cn
举报盗版邮箱：jbwq@lawpress.com.cn
销售电话：010-83938349
客服电话：010-83938350
咨询电话：010-63939796

书号：ISBN 978-7-5197-8441-6　**定价**：39.60 元

凡购买本社图书，如有印装错误，我社负责退换。电话：010-83938349

《以案说“典”》编委会

顾　　问：张苏军（司法部原党组副书记、副部长，现任中国关工委常务副主任，中国法学会党组成员、副会长）

主　　编：章兴成

副 主 编：李学辉　郭志萍

执行主编：杨振学

编写人员：李丹娜　李纪睿　李婍婧　张晔瑶
周仕帅　徐芬芬　程　阳　穆晶晶
叶小珊　黄华雲　杨小阳　杨　然

序

立善法于天下，则天下治；立善法于一国，则一国治。

2020 年 5 月 28 日，十三届全国人大三次会议表决通过了《民法典》[①]，该法于 2021 年 1 月 1 日起施行，中国从此迈入“民法典时代”。

作为新中国成立以来第一部以“法典”命名并颁行的法律，民法典承载着几代立法者、法律工作者乃至亿万人民的梦想，在新时代中国特色社会主义法治体系建设进程中具有举足轻重的作用。它的颁布实施凸显了中国的大国自信和法治态度，反映了中国共产党领导下的中

① 为便于阅读，本书中的法律法规均使用简称。——编者注

国法治建设汲取世界先进法治经验的从容气魄和立足本土、锐意创新、塑造中国法治特色的信心和勇气，对推动全面依法治国、加快建设社会主义法治国家、发展社会主义市场经济、巩固社会主义基本经济制度、推动国家治理体系及治理能力现代化具有里程碑意义。

《民法典》分七编，包括总则、物权、合同、人格权、婚姻家庭、继承、侵权责任。其整体结构严谨、篇章铺排合理，围绕民事权利的确认和保护而展开，遵循“权利—责任—救济”的闭环结构，被誉为“社会生活的百科全书”，是公民权利的宣言书和保障书，更是国家治理的基本遵循和依靠。

《民法典》不仅是法律条文的汇编，更是中华民族精神的立法表达。在厚重的《民法典》的1200多个条文之首，“社会主义核心价值观”庄重醒目。从完善禁止结婚的情形、明确夫妻共同债务范围、设立离婚冷静期，到完善代位继承制度、减少遗产纠纷……《民法典》将相敬如宾、相濡以沫的优良传统继续发扬传承，引领公序良俗，彰显法安天下、德润人心。

法律的生命在于实施。实施民法典，是一项系统工程、长期工程，需要各方面共同努力，常抓不懈。在和平年代，法治宣传教育就是最大的社会动员，要让民法典走到群众身边、走进群众心里：

抓住重点对象推进全民普法，促进全民法治宣传教育深入开展。正值“八五”普法时期，以领导干部、青少年为重点对象的全民普法思路可以继续沿袭，推进领导干部学法用法，学以致用，让人民群众看到领导干部的带头示范作用；提高青少年的法律素质，有助于青少年的健康成长和国家长治久安。同时加大对农民的法治宣传教育，把普法作为乡村振兴的必备内容，在广大农村设立法治大课堂，把民法典学习作为大课堂的首要内容，持续深化。

创新方式方法打造法治宣传平台，推动法治文化“飞”入千家万户。着力抓好成果转化工作，针对不同群体采用不同的方式方法。比如在乡村，可以采用农民喜闻乐见的表达方式，赋予地方风格和民族特色，让普法工作更接地气；对于青少年，可以采用动漫、偶像剧、名人代言等方式，运用新媒体新技术加大普法作品的传播力度。

《以案说“典”》是一部出色的普法佳作，通过以案说法的方式，深入浅出，变晦涩深奥的法条为接地气的大白话，让人民群众了解民法典、读懂民法典、能用民法典；通过一个个生动鲜活的法律故事，搭建了一座人民群众连接民法典的桥梁，及时满足了新时代人民法治需求，推动普法宣传和法治建设更好更快深入人心，凝聚起社会生活规则的最大共识。

我相信，这部书一定会受到广大基层普法工作者的欢迎，为他们讲好中国法治故事提供优质素材；这部书的广泛传播必将使民法典更好地浸润到人民群众日常生活的点点滴滴，使尊法、信法、守法、用法、护法成为人民群众的共同追求和自觉行动，将法律优势转化为治理效能，护航我们的美好生活。

2023.11.10

目录

目　录

第五篇

婚　姻
家庭编

第六篇

继承编

第七篇
侵权责任编

PART 1

总　则　编

违反法律规定和公序良俗，约定无效

故事梗概

赵英俊在小杰的母亲怀孕期间，在外包养情妇。小杰出生不到两个月时，赵英俊为了情妇与人争风吃醋，最后因聚众斗殴罪被判处有期徒刑11个月，缓刑1年6个月。

此事在村里传得沸沸扬扬。小杰的母亲提出与赵英俊离婚，赵英俊明确表示离婚可以，小杰以后也跟他无关，他不支付任何抚养费。在村里人的见证下，两人签署了离婚协议，村支书应两人要求，在协议里加了一条：离婚后小杰和赵英俊断绝父子关系，赵英俊不支付抚养费，小杰成年后不赡养赵英俊。

此后，赵英俊再婚，未尽任何抚养义务。小杰发愤图强，成了村里唯一一名大学生，后在城里大银行工作，在城里买了房，还把母亲接过去一起生活。

多年后，赵英俊因为肺癌到城里治病，家里没有钱支付医疗费。赵英俊遂找到小杰，要求其承担赡养义务，支付医疗费。小杰明确拒绝，赵英俊便将小杰告上法庭，要求其承担赡养义务。

法院判决

在法庭上，小杰表示父母离婚协议里明确约定自己和父亲断绝父子关系，且赵英俊从未履行抚养义务，现在就丧失了要求赡养的权利。

法院认为，离婚协议中约定的断绝父子关系的条款违反公序良俗，属无效条款。赡养父母是成年子女的法定义务，该义务的发生不以子女未成年时父母是否对其进行抚养为条件。综合小杰的经济能力和赵英俊的身体情况，法院判决小杰支付赵英俊的医疗费，并每月支付赵英俊生活费 1000 元。

法条解读

01 什么是赡养？

赡养是指赡养人对老年人提供经济上供养、生活上照料和精神上慰藉等，照顾老年人的特殊需要。

02 谁是具有赡养义务的人？

《民法典》第二十六条第二款规定：“成年子女对父母负有赡养、扶助和保护的义务。”成年子女均有赡养父母的义务。

《民法典》第一千零七十四条第二款规定：“有负担能力的孙子女、外孙子女，对于子女已经死亡或者子女无力赡养的祖父母、外祖父母，有赡养的义务。”也就是说，子女无能力赡养老人时，该老人的孙子女、外孙子女如有负担能力，则对其祖父母、外祖父母有赡养的义务。

《民法典》第一千一百二十九条规定：“丧偶儿媳对公婆，丧偶女婿对岳父母，尽了主要赡养义务的，作为第一顺序继承人。”赡养人的配偶应当协助赡养人履行赡养义务，但是对丧偶女婿、儿媳是否需要赡养已故配偶的老人，目前法律无明文规定。如果丧偶女婿、儿媳自愿承担了该义务，法律认可将他们作为第一顺序继承人来继承老人的财产。从立法取向上，鼓励丧偶女婿、儿媳承担赡养义务。

03 断绝关系后，为何还要继续履行赡养义务？

《民法典》第八条规定："民事主体从事民事活动，不得违反法律，不得违背公序良俗。"第一百五十三条第一款规定："违反法律、行政法规的强制性规定的民事法律行为无效……"

断绝父母子女关系的协议有违公序良俗和法律的强制性规定，属于无效协议，不具有法律约束力。成年子女赡养父母的义务不因协议的约定而取消。

04 老人什么时候可以要求子女支付赡养费？

《民法典》第一千零六十七条第二款规定："成年子女不履行赡养义务的，缺乏劳动能力或者生活困难的父母，有要求成年子女给付赡养费的权利。"老年人缺乏劳动能力或生活困难的情况下，有权要求子女支付赡养费。

典藏之语

百善孝为先，尊重和赡养老人是中华民族的传统美德。在父母不尽抚养义务或者断绝父（母）子关系等情况下，基于情感的相互性，子女拒绝赡养父母情有可原。但父母对子女的抚养和子女对父母的赡养不是一种等价有偿关系，立法保护老年人被赡养的权利，成年子女赡养老人的义务不因协议约定而取消。

（作者：徐芬芬）

PART 2

物 权 编

设立居住权应当办理登记

故事梗概

蔡某运与蔡某玉系父女关系。1988 年 3 月，蔡某运在其宅基地上自建房屋一套，后进行了扩建，含一楼、二楼。1996 年，蔡某运与蔡某玉达成口头协议，将该房屋整体以 3.4 万元出售给蔡某玉，约定一楼由蔡某运继续居住。因都是一家人，就一直未办理过户手续。

自 2020 年起，父女间产生隔阂。蔡某运认为，“当初只卖了二楼，一楼没卖，一楼房屋还是自己的财产，百年后要留给子孙”。蔡某玉则认为，“当初是买了整栋房子，考虑到父亲没地方住，就把一楼留给他继续居住，可以一直住到去世”。

2020 年 5 月 25 日，双方就 1996 年的卖房行为补签《房屋买卖合同》，其中约定：蔡某玉须对蔡某运尽孝，保证蔡某运对该房屋享有终身居住权。2021 年 5 月，蔡某运将其女儿蔡某玉起诉至法院，要求确认该房屋一楼产权归其所有，蔡某玉当庭提出反诉，要求确认自己才是该房屋一楼、二楼的产权人，同时要求确认父亲蔡某运对房屋一楼享有永久居住权。

法院判决

法院认为，结合双方举证质证及证人证言，法院查明1996年口头卖房约定的是出售整栋楼房，而非“只卖二楼，一楼不卖”，遂判令驳回原告蔡某运的诉求。对于蔡某玉的反诉，法院确认其为案涉房屋一楼、二楼的产权人。对于反诉所称的居住权，根据《民法典》的规定，设立居住权的，应向登记机构申请居住权登记，居住权自登记时设立。因本案当事人尚未向有关部门登记，故居住权未设立，法院不予支持。

法条解读

《民法典》第三百六十六条规定了“居住权人”行使权利的基础是“按照合同约定”；第三百六十七条第一款规定“设立居住权，当事人应当采用书面形式订立居住权合同”；第三百六十八条规定“设立居住权的，应当向登记机构申请居住权登记。居住权自登记时设立”；第三百七十一条规定“以遗嘱方式设立居住权的，参照适用本章的有关规定”。

由此可知，居住权的设立有两种方式：一种方式需要签订书面居住权合同和向登记机构申请居住权登记。其中，签订书面居住权合同为居住权设立的债权基础，而登记将使其产生物权效力；未经登记，该项他物权未设立成功。另一种方式是通过遗嘱方式设立居住权。本案被告蔡某玉反诉中提及的居住权的设立方式是前述中的第一种，双方虽然在《房屋买卖合同》中明确约定了原告蔡某运享有案涉房屋一楼永久居住权，但并未向有关登记机构申请登记，蔡某运的居住权并未设立，因此法院未支持原告蔡某运的主张于法有据。

依据《民法典》第三百六十八条的规定，“居住权无偿设立，但是当事人另有约定的除外”。由此可知，居住权的设立以无偿为原则，以有偿为例外。该规定符合居住权制度创设初衷，即主要用于处理家庭成员之间的赡养、抚养和扶养关系。本案中，被告蔡某玉因担心老父亲老无所居，故而意欲为其设立居住权的行为，恰恰体现了居住权扶弱、施惠的保障功能。

典藏之语

居住权是《民法典》中新增亮点之一，它的确立实现了房屋使用权与处分权有期限的分离。居住权作为一项他物权，在保障弱势群体居住权益、充分发挥住宅的居住效用和价值等方面将发挥出积极的作用。该案启示我们，设立居住权不但需要当事人采用书面形式订立居住权合同，还应向房屋所在地的县级登记机构办理居住权登记。但《民法典》仅原则性规定了居住权需要进行登记，并未规定具体登记机关、登记主体、登记内容等问题。因此，为使居住权得到充分实现，还需要通过司法解释等立法手段充实其内涵、完善其内容，使其立法目的和美好愿望可以更好地实现。

（作者：李丹娜）

相邻权，相邻不侵权

故事梗概

老陈与老梁是阳光镇阳光村村民，两家是邻居，老陈家的厨房和院落紧邻老梁家的鸡舍及旱厕。由于老梁家的鸡舍与老陈家

的厨房距离太近，且鸡舍房顶未铺设排水管道，雨水直接从鸡舍脊瓦渗透至厨房墙壁，厨房墙壁受损。此外，老梁家的鸡舍及旱厕长期产生臭味，且与老陈家的厨房和院落太近，散发的气味对老陈及其家人的健康及生活产生了不利的影响。

老陈多次要求老梁拆除鸡舍及旱厕，老梁均不同意。老陈最终忍无可忍将老梁告上法庭，要求老梁拆除鸡舍及旱厕。

法院判决

法院认为，老梁家的鸡舍与老陈家的厨房相邻过近，且无相应排水措施，导致鸡舍屋顶雨水直接渗透至老陈家的厨房墙壁，厨房墙壁渗水破损，给老陈造成了损失，但不至于要拆除鸡舍。老陈改变诉讼请求，要求老梁妥善解决鸡舍屋脊漏水问题。老梁家的旱厕紧邻老陈的厨房及院落，长期散发的臭味对老陈及其家人的身体健康及正常居住造成了不良影响，超出了老陈作为相邻权利人的容忍限度，故对老陈要求拆除旱厕的诉讼请求予以支持。

最终，法院判决：（1）老梁在其鸡舍房顶铺设排水管道，避免雨水直接排向老陈家的厨房；（2）老梁拆除紧邻老陈家的旱厕。

法条解读

相邻关系是指两个或者两个以上相互毗邻不动产的所有人或使用人，在行使不动产的所有权时，如通风、采光、用水、排水、通行等，相邻各方形成的相互给予便利和接受限制而产生的权利义务关系。简单地讲，相邻关系就是不动产的相邻各方因行使所有权或使用权而发生的权利义务关系。

在《民法典》中有以下相关规定：

《民法典》第二百三十六条规定："妨害物权或者可能妨害物权的，权利人可以请求排除妨害或者消除危险。"

《民法典》第二百八十八条规定："不动产的相邻权利人应当按照有利生产、方便生活、团结互助、公平合理的原则，正确处理相邻关系。"

《民法典》第二百九十四条规定："不动产权利人不得违反国家规定弃置固体废物，排放大气污染物、水污染物、土壤污染物、噪声、光辐射、电磁辐射等有害物质。"

《民法典》第二百九十六条规定："不动产权利人因用水、排水、通行、铺设管线等利用相邻不动产的，应当尽量避免对相邻的不动产权利人造成损害。"

根据上述法律规定，相邻一方修建厕所、粪池、污水池或者堆放垃圾、恶臭物、有毒物的，应与相邻方保持一定的距离或采取相应的防范措施，防止空气、水源、环境污染。如果因此影响相邻人生产生活、损害相邻人健康的，相邻人可起诉到法院维权，请求停止侵害，并由对方承担侵权责任。

典藏之语

相邻的所有人或使用人在行使自己的不动产所有权和使用权时应当相互协作、互谅互让、兼顾各方利益，不得影响邻居生产、生活，受到侵害的相邻人需要学会运用法律的武器化解矛盾，共同构建和谐社会。

（作者：周仕帅）

加装电梯引发纠纷　邻里负有容忍义务

故事梗概

近年来，旧住宅楼加装电梯的呼声越来越高，由于不同楼层对电梯的需求不同，对是否加装电梯也存在争议。

某老旧小区业主打算加装电梯。经业主讨论后，同意安装电梯的业主占比和其所有的专有部分占建筑物总面积的比例均达到法律规定的要求。根据该小区业主的申请，有关部门于 2020 年 10 月 22 日对该小区加装电梯进行了批前公示并按照相关要求办理了建设工程规划许可证。2021 年 6 月，该小区加装的电梯安装完毕并投入使用。

2 单元 102 号房的业主方某某、黄某某以建设电梯未有效公示，建设电梯造成其住宅的通风、采光、日照、隐私等权利受到侵害为由，向人民法院起诉请求判令周某、陈某某等业主停止使用电梯、拆除电梯设施、恢复原状，并向其赔偿损失 10 万元。

法院判决

法院认为，案涉电梯的加装符合法律规定的程序。从现场情况看，案涉电梯与2单元房屋之间留有足够的距离，对该单元业主的通行并没有造成妨碍，电梯对2单元房屋的采光和通风并没有造成妨碍，电梯运行也未产生明显噪声。老旧小区加装电梯涉及广大群众的出行方便，关系到社会的和谐稳定。即便加装电梯确实给低层住户的居住环境带来一定的变化，但在整体上不妨碍采光、通行、通风等相应权利的情况下，低层住户也应负有一定的容忍义务。最终，法院判决驳回方某某、黄某某的全部诉讼请求。

法条解读

日常生活中老旧小区加装电梯越来越常见。高楼层住户对此十分乐意，低楼层住户却未必同意，他们大多担心电梯加装后，会影响自己房屋的采光、通行等。从法律角度来说，这一问题可大体分两方面讨论：一是电梯是否安装，二是利益受损方如何保障自身权益。

01┆关于电梯是否安装问题

《民法典》第二百七十八条规定，业主共同决定事项，应当由专有部分面积占比 2/3 以上的业主且人数占比 2/3 以上的业主参与表决。改建、重建建筑物及其附属设施，应当经参与表决专有部分面积 3/4 以上的业主且参与表决人数 3/4 以上的业主同意。《民法典》第二百八十八条规定，不动产的相邻权利人应当按照有利生产、方便生活、团结互助、公平合理的原则，正确处理相邻关系。

根据以上规定，在处理电梯加装问题时，应参照相邻关系的处理原则，以有利于生产、方便生活、团结互助、公平合理为原则，互相给予便利，但应以不影响或危害对方权益为限。

02┆利益受损方如何保障自身权益

《民法典》第六条规定，民事主体从事民事活动，应当遵循公平原则，合理确定各方的权利和义务。也就是说，即便追求的是合法权益，也不能以牺牲他人福利为代价，为自己谋取福利。《民法典》第二百三十八条规定，侵害物权，造成权利人损害的，权利人可以依法请求损害赔偿，也可以依法请求承担其他民事责任。

根据以上规定，利益受损的业主是有权向其他业主主张权利的。但是，由于该公益项目的合法性和正当性，在正常情况下都不属于侵权，所以不涉及赔偿，定性为补偿更为适宜。因此，对于利益受损的低楼层业主，建议可通过诉讼主张适当补偿款。

典藏之语

为老旧小区加装电梯，方便住在高层的住户出行，尤其是老年人出行，具有重要意义。在个别低层住户反对时，人民法院通过明确低层住户对加装电梯的适度容忍义务，保障了高楼层住户的通行方便，体现了和谐、友善的社会主义核心价值观，充分彰显了司法裁判在社会治理中的规则引领和价值导向作用。

（作者：徐芬芬）

业主私改房屋结构　法院判决恢复原状

故事梗概

吕某居住于上海市松江区某小区21号206室，李某、吴某居住于306室，两家为上下楼。

2005年左右，吕某购入上述二手房屋。2019年，李某、吴某购入上述二手房屋，进行装修后入住。

2021年2月，吕某发现自家天花板有渗水现象，向物业报修后了解到李某、吴某家的卫生间改动过，卫生间已不在原来的位置，遂要求李某、吴某将卫生间恢复原位，但李某、吴某未恢复。吕某诉至法院，要求判令李某、吴某将卫生间恢复原位。李某、吴某在诉讼中承诺将卫生间恢复原位，吕某撤诉。但吕某撤诉后，李某、吴某未将卫生间复位，吕某又诉至法院，请求判令李某、吴某将其居住的306室的卫生间恢复原位。

法院判决

法院在审理过程中至现场查看，发现案涉小区比较老旧，306 室的卫生间已改到原设计为过道、客厅、卧室的位置，面积增大很多，且抽水马桶位于 206 室卧室的上方。被告李某、吴某称其购入 306 室时，卫生间就在现在的位置。原告则称，两被告购入 306 室时，卫生间虽在现在的位置，但两被告装修时又扩大了卫生间的面积。

法院认为，相邻各方应当依照有利生产、方便生活、团结互助、公平合理的原则，正确处理相邻关系。现两被告家的卫生间更改到原告家卧室的上方，已严重影响到原告的正常生活和休息，给原告造成了较大困扰，侵犯了原告的合法权益，故应当恢复原位。对于两被告辩称卫生间是由他人更改的意见，法院认为，不管卫生间是由谁更改的，两被告作为 306 室的所有权人，应当保证按照建造设计时的用途使用该房屋，且在使用房屋时保障相邻方的合法权益，现两被告在使用自己房屋的过程中，对 206 室的业主造成了影响，故其应当对此承担责任。

最终，法院判决被告李某、吴某将 306 室的卫生间恢复原位。

法条解读

《民法典》第二百八十八条规定，不动产的相邻权利人应当按照有利生产、方便生活、团结互助、公平合理的原则，正确处理相邻关系。

《住宅设计规范》（GB 50096—2011）第5.4.4条规定，卫生间不应直接布置在下层住户的卧室、起居室（厅）、厨房和餐厅的上层。

《住宅建筑规范》（GB 50368—2005）第5.1.3条规定，卫生间不应直接布置在下层住户的卧室、起居室（厅）、厨房、餐厅的上层。卫生间地面和局部墙面应有防水构造。

《住宅室内装饰装修管理办法》第五条第一款规定："住宅室内装饰装修活动，禁止下列行为：（一）未经原设计单位或者具有相应资质等级的设计单位提出设计方案，变动建筑主体和承重结构；（二）将没有防水要求的房间或者阳台改为卫生间、厨房间；（三）扩大承重墙上原有的门窗尺寸，拆除连接阳台的砖、混凝土墙体；（四）损坏房屋原有节能设施，降低节能效果；（五）其他影响建筑结构和使用安全的行为。"

业主购买房屋后，对房屋的专有部分享有占有、使用、收益及处分的权利，故对房屋进行装修属于业主的合法权利。但是，根据上述法律及规范性文件的规定，业主装修行为绝对不可任性而为，在装修自有房屋时，业主应当考虑相邻物权人的权利保护，遵守社会公德，不得损害公共利益和其他人的合法权益，应本着方便生活、团结互助、公平合理的原则处理邻里关系。

另外，本案中，即便李某、吴某未实施房屋改造行为，其作为房屋的所有权人，也有义务按照房屋建造设计时的用途进行使用，且在使用房屋时保障相邻方的合法权益。

典藏之语

对自己房屋进行必要的装修改造是每个业主的权利，但装修不能损害别人的合法权益，不能违反法律法规的禁止性规定。在装修过程中，如有破坏性装修行为损害了另一方的合法权益，权益受损方可以向物业管理部门或房管部门进行投诉要求处理，在调解不成的情况下，也可以基于相邻权关系向法院提起诉讼，维护自身合法权利。

（作者：徐芬芬）

PART 3

合 同 编

赠房后子女不孝　法定情形可撤销

故事梗概

郭先生出资购买了一套房屋登记至女儿郭女士名下。双方约定：郭先生出资购买的房屋赠与郭女士，房屋由郭先生居住直至其去世；若郭女士不孝顺，郭先生可收回房屋。购买房屋并达成

赠与协议后，郭先生与郭女士就房屋的居住使用产生矛盾，郭女士对郭先生未尽孝道，不仅曾有打骂行为，甚至还意图将房屋出售。郭先生无奈之下将郭女士起诉至法院，要求撤销赠与，将房屋登记至自己名下。

一审法院根据已查明的事实、案涉房屋的由来、双方当事人的纷争原因及过程，结合本案案情及相关法律规定，判定郭先生对该房屋享有终生居住权，对郭先生要求将该房屋变更至其名下的诉请主张不予支持。郭先生不服，提起上诉。

法院判决

在案件审理过程中，二审法院除认定了一审中查明的相关事实外，结合证人证言、录音资料、报警记录等证据材料及庭审中的调查情况对郭女士未尽赡养、扶助义务，违背赠与协议约定的行为进行了认定。

法院认为，郭女士自搬离案涉房屋起至本案判决作出止，未曾在精神及物质上给予郭先生任何慰藉及扶助，不仅违反了成年子女赡养、扶助、保护父母的法定义务，客观上也违背了此前的承诺。经法院多次组织调解，未见郭女士在案件审理过程中采取任何改善双方关系的行动，郭先生坚决要求撤销赠与，并请求将案涉房屋变更登记至其名下，符合双方约定及法律规定，二审法院对该案进行了改判，判决撤销郭先生对郭女士的赠与，将房屋变更登记至郭先生名下。

法条解读

在生活中，无论子女是否孝顺，父母付出的爱都无法收回。不过，法律在子女不孝时对父母赠与子女的财产多了一重保护。

《民法典》第二十六条第二款规定，成年子女对父母负有赡养、扶助和保护的义务。第六百六十三条第一款规定："受赠人有下列情形之一的，赠与人可以撤销赠与：（一）严重侵害赠与人或者赠与人近亲属的合法权益；（二）对赠与人有扶养义务而不履行；（三）不履行赠与合同约定的义务。"

除上述规定的赠与的法定撤销外，《民法典》第六百五十八条第一款还规定了赠与的任意撤销，即赠与人在赠与财产的权利转移之前可以撤销赠与。但这种"自由"也并非无限制，其限制主要体现在：一是撤销在赠与财产的权利转移（动产以交付为转移，不动产以登记为转移）之前方可行使；二是赠与合同未经过公证；三是赠与合同不具有救灾、扶贫、助残等公益、道德义务性质。

在订立和履行赠与合同时需要注意以下几点：

1. 赠与合同应尽量采用书面形式，对当事人双方主体情况、赠与财产名称、赠与财产状况、价值、赠与方式、赠与是否附条件等进行明确约定。

2. 从赠与人角度出发，订立赠与合同切忌草率，应充分考量自身经济条件、与被赠与人关系及赠与财产的后果，同时要确保自己对赠与财产具有完全的处分权，避免赠与发生后引发其他纠纷。

3. 就被赠与人而言，接受赠与后要严格依照法律规定或双方在赠与合同中的约定履行义务，避免与赠与人发生矛盾导致赠与被撤销的情况发生。

典藏之语

敬老、养老、助老是中华民族传统美德，子女理应以感恩之心赡养父母。财产被赠与人无论是否与财产赠与人具有特殊身份关系及法律规定的扶养义务，都应按照赠与合同的约定全面履行义务，妥善处理与财产赠与人的关系，避免纠纷发生；财产赠与人应谨慎处分自己的财产，一旦赠与发生后产生纠纷，财产赠与人可在赠与财产转移前行使任意撤销权，赠与财产转移后也可视情况行使法定撤销权，以保障自身的合法权益。

（作者：李婍婧）

恋爱期间的金钱支出
分手之后能否要回

故事梗概

张某与李某于2017年相识并确定恋爱关系，后共同居住。恋爱期间，张某多次向李某通过银行、微信、支付宝转账，到2019年年底累计转账405271元。主要转账情况如下：

2017年9月8日，张某通过银行账户向李某转账20100元，同日现金存入李某银行账户19900元，2017年10月20日转账26000元，用于李某自有房屋过户和房贷清偿；2018年6月12日张某向李某银行账户转账68000元，2018年8月23日转入50100元。2017年7月7日开始至2019年年底，张某通过微信向李某转账51笔，数额有521、9999、6666、1314等，共8万余元。2017年年底至2018年年底，张某多次通过支付宝向李某转款7万余元。

后二人因生活琐事产生矛盾最终分手。张某向法院提起诉讼，要求李某返还恋爱期间的转款。

法院判决

法院认为：张某和李某确定恋爱关系后，基于共同购买房产和缔结婚姻的目的，张某向李某多次转账，但二人不再缔结婚姻，李某应对张某的款项予以返还。

2018 年 6 月至 8 月，张某三次大额转账共计 138800 元，张某主张该款系其出售自有房产为共同购买婚房而将款项暂存于李某处。卖房后短时间内大额转账的方式符合日常认知，二人不再共同购买婚房，该款应返还张某。

2017 年至 2019 年，张某不间断地通过微信转账、发红包等方式向李某转账 51 笔，数额从几百元至 9999 元，其中包含以特殊金额来表达感情的转账 1314、9999、6666、521 等。此类转账符合年轻情侣间的感情表达方式，属于典型的一般赠与行为。这些款项张某要求返还的主张，法律上不予支持。张某主张利息没有法律依据。

法院判决李某返还张某 204800 元。一审判决后，李某不服上诉。二审法院认定李某上诉理由不成立，维持一审判决。

法条解读

恋爱期间情侣间往来钱款的性质，需要结合给付钱款的用途和目的予以综合判断。情侣间给付钱款主要包括赠与和借贷两种形式，其具体的判定需依据不同法律性质。

首先，就赠与而言，根据《民法典》第六百五十七条、第六百六十一条的规定，情侣间的赠与一般分为两种情形：一种是一般性的无偿赠与，另一种是附条件的赠与。对于一般性的无偿赠与，赠与完成后，赠与人不能再要求受赠人返还，如特殊节日向对方赠送的礼物或财物，或“520”“1314”等具有特殊含义的转账及微信红包等。对于附条件的赠与，若赠与目的无法实现或赠与条件不能成就，即使受赠人已经接受了赠与物，赠与人也有权要求其返还。

其次，就借贷关系的认定而言，根据《民法典》第六百七十九条的规定，民间借贷关系成立并生效需要同时满足借贷双方达成借贷合意，且借款已经由出借人向借款人完成支付两个条件。

典藏之语

恋爱关系因其特有的自由、感性的特点，法律法规并未对其予以专门保障。通常对用于日常生活的共同消费支出、特殊节日向对方赠送的礼物或财物、特定含义的转账及无明显意图的其他小额赠与，一般会认定为情侣间的无偿赠与。借贷关系必须同时具备借贷合意及借贷事实才能认定。同时，法院在审理过程中，还要结合借贷金额、款项支付、当事人经济能力、交易习惯、证人证言等事实及因素，综合判断、查证借贷事实是否真实发生。因此，在恋爱期间向对方转账的行为究竟应定性为赠与还是借贷，法院一般会结合转账时间、金额、用途及双方财务状况等多方因素予以评判。

（作者：李丹娜）

委托购买彩票打印错号码
痛失大奖谁来担责

故事梗概

60 岁的陈先生是江苏省昆山市淀山湖镇居民，常年有购买体育彩票的习惯，夏先生经营的彩票店离他家不远，陈先生也就成了店里的常客。由于双方相识时间较长，两人慢慢地就通过微信

报号码以及转账支付的方式购买彩票。

一次陈先生通过微信联系夏先生，投注3注体彩超级大乐透，并支付了18元，其中投注的一注号码为："02、07、14、29、32+04+11"，投注倍数为3倍，夏先生将"29"误打为"19"，其余号码一致，陈先生收到彩票照片后，也没有提出异议。

当天晚上开奖，号码"02、07、14、29、32+10+11"恰巧中得二等奖，奖金为109752元，3倍投注，总奖金近33万元，而错误号码所得奖金仅为615元。这下陈先生坐不住了。他到夏先生处提出因其出票错误自己痛失大奖，要求夏先生进行赔偿。双方暂时达成一致意见，由夏先生一次性给付陈先生1500元了结此事。但陈先生越想越觉得吃亏，遂将夏先生告到法院，要求赔偿损失329256元。

法院判决

法院审理后认为，首先，陈先生和夏先生之间成立彩票、奖券买卖合同关系，还存在委托购买指示彩票的委托合同关系。双方因交易习惯而相互信任，由夏先生无偿受陈先生委托购买彩票，陈先生虽指示了购买彩票的号码，但夏先生受委托实际购买彩票后已尽到了及时报告义务。陈先生并未对购买的彩票号码表示异议，且按双方的交易惯例收取了兑奖后支付的奖金 615 元。夏先生将“29”误打为“19”，并非故意或者存在重大过失。

其次，奖票、奖券买卖合同是一种射幸合同，即购买人购得的彩票不是一般的财产，而是一种中奖的机会。购买人一旦中奖，即取得要求兑奖、取得财产权的现实权利，但是该合同又依赖于偶然事件的出现，存在不确定性。本案中陈先生在委托购买彩票时，其取得的仅是中奖的机会，指示的彩票号码在委托当时并不代表财产权益，被告夏先生误买了其他彩票号码也并不必然导致财产损失。陈先生主张的损失并非实际损失或可期待利益损失，也并非夏先生可以预见的利益损失。

最后，双方自行协商由夏先生补偿了 1500 元，陈先生再主张赔偿有违诚实信用原则，最终法院驳回了陈先生的诉讼请求。

法条解读

彩票店老板为熟客代买彩票，实际上达成了委托购买指示彩票的委托合同。

委托合同是委托人和受托人约定，由受托人处理委托人事务的合同。委托合同可以是有偿的，也可以是无偿的。《民法典》第九百二十九条第一款规定：“有偿的委托合同，因受托人的过错造成委托人损失的，委托人可以请求赔偿损失。无偿的委托合同，因受托人的故意或者重大过失造成委托人损失的，委托人可以请求赔偿损失。”也就是说，《民法典》在关于受托人过错造成委托人损失的赔偿上，根据委托合同是否有偿，进行了区分。

本案中，法院对于彩票店店主不承担责任的说理非常充分，而实际上，整个论述的出发点和关键点在于彩票店店主未就受托购买彩票的行为收取报酬。由于受托行为的无偿性，要求彩票店店主进行巨额赔偿显然违背民法最基本的公平原则。因此，对于类似委托彩票店店主购买彩票的无偿委托合同，委托人需自负更多的注意和督促义务，以免在损失发生时出现无法追偿问题。

典藏之语

无偿的委托合同，本质上是一种互帮互助的友爱行为。《民法典》规定，无偿的委托合同受托人只有在存在故意及重大过失的情况下才需承担赔偿责任，其立法本意是对于无偿的帮扶人不苛以重责，以弘扬亲朋好友之间善意行为和互帮互助、团结友善的良好道德风尚。

（作者：徐芬芬）

向未成年人提供网络服务合同或被认定无效

故事梗概

未成年人小马上网时受到“可以返利”的诱导，用其母亲杜女士手机支付软件在某公司于某购物网站上开设的直播旗舰店购买5000元的星币。小马的购买行为被杜女士发现，杜女士遂向某购物网站投诉，并向法院起诉，要求依法确认小马与某公司之间买卖合同无效，某公司和某购物网站共同返还小马5000元。

某公司辩称：本案交易系小马母亲杜女士所为或杜女士知情，且小马已将该公司提供的服务消费完毕，无法返还款项，请求驳回原告全部诉讼请求。

法院判决

一审法院经审理认为，小马向某公司于某购买网站上开设的直播旗舰店购买星币，某公司提供网络服务，双方形成信息网络买卖合同关系。小马在与某公司交易时为11周岁的限制民事行为能力人，交易金额为5000元。结合本地经济状况及小马的年龄，小马不具有进行本案交易的相应的民事行为能力，且其母亲在发现后当即投诉、拒绝追认，故该信息网络买卖合同为无效合同。原告请求确认其与某公司之间买卖合同无效，法院予以支持。《民法典》第一百五十七条规定："民事法律行为无效、被撤销或者确定不发生效力后，行为人因该行为取得的财产，应当予以返还；不能返还或者没有必要返还的，应当折价补偿。有过错的一方应当赔偿对方由此所受到的损失；各方都有过错的，应当各自承担相应的责任。法律另有规定的，依照其规定。"据此，法院对原告要求某公司返还5000元的诉讼请求予以支持。关于原告要求某购物网站共同返还涉案5000元的请求，法院认为，某购物网站并非合同相对方，不负有返还义务，只需负协助义务即可。本案系小马持其母亲杜女士手机进行网络购买引发的纠纷，与监护人监护不力有关，某公司、某购物网站作为网络商户、网络平台管理者对造成合同无效并无过错，故本案诉讼费由小马的法定代理人负担。

一审判决后，某公司不服一审判决，提起上诉。二审法院经审理维持了一审判决。

法条解读

我们都知道，不满 18 周岁的自然人是未成年人，《民法典》对未成年人及其民事行为能力有着细致具体的规定。

《民法典》第十七条至第二十条对未成年人的具体年龄阶段、各阶段的行为能力进行了明确规定。根据《民法典》的规定，不满 8 周岁的未成年人为无民事行为能力人，不能独立行使民事权利。8 周岁以上不满 18 周岁的未成年人为限制行为能力人，可限制性地行使民事权利。限制性主要体现在以下三方面：一是可从事纯获利益的民事法律行为，如接受赠与、奖励，获取报酬等。二是可从事与自身年龄、智力相适应的民事法律行为，如在校门口购买金额较低的零食、文具，在夏令营活动中购买金额符合其年龄认知、判断的纪念品等。三是超出其民事行为能力而实施的民事法律行为由其法定代理人追认或同意。

本案中，小马年仅 11 周岁，系限制民事行为能力人，其花费 5000 元购买星币的行为与其年龄、智力不相适应，其法定代理人并不同意且拒绝追认，故案涉买卖合同应为无效合同。依照《民法典》第一百五十七条的规定，民事法律行为无效、被撤销或者确定不发生效力后，行为人因该行为取得的财产，应当予以返还。

典藏之语

未成年人的年龄、智力尚不成熟，尚未形成理性而独立的意识及判断能力，极易受到互联网文化等各种新生事物的影响，超越自己的认知水平和行为能力参与一些“新兴”活动。由于未成年人是国家的希望、民族的未来，保护未成年人是社会各界共同的责任，也是《民法典》的重要原则之一。《民法典》不但明确了对各年龄阶段未成年人的具体保护措施，也对涉及未成年人生活的方方面面，如居住、抚养、收养、父母离婚后未成年人的生活及未成年人参与民事活动等进行了全面、系统、细致的规定。无论是互联网行业还是其他各行各业，都不应当在追求发展的过程中忽视人文关怀，更不能以牺牲未成年人身心健康成长为代价来获取利益，而是应当承担起相应的社会责任，为未成年人的成长发展提供正能量的价值引导。未成年人的监护人更应当加强对未成年人的关心与关注，注重日常生活中的陪伴与引导，切实履行好监护责任。

（作者：李婍婧）

格式条款若有多种解释　如何依法定夺

故事梗概

陈某林想购买一台 65 寸的 4K 网络液晶电视机。2022 年 1 月 14 日，陈某林通过淘宝平台，在一家店铺询问案涉“4K 网络液晶电视机”65 寸是什么尺寸，该公司客服回复：“65 寸长 125cm× 高 75cm。”当日，陈某林便在该店铺内下单购买了案涉“4K 网络液晶电视机”65 寸 4K 防爆网络版（进口护眼屏）（质保 7 年）一台，标价 1780 元，实际付款 1600 元。该案涉电视机通过德邦快递运输。2022 年 1 月 17 日陈某林收到货物。

收货后，陈某林即对案涉电视机进行安装。安装完成后发现电视机中标称的“寸”是指“市寸”，实际长宽为 125cm×75cm，仅为 55 英寸，不是 65 寸。收货当天，陈某林即同该淘宝店铺客服联系反映尺寸偏小问题，但该店铺客服却以尺寸采取的是欧标为由坚持表示未发错商品。2022 年 4 月，该淘宝店铺店长通过淘宝客服同陈某林联系，表明确实发错了尺寸，愿意重新更换案涉电视机，但遭到了陈某林的明确拒绝，其认为该淘宝店铺存在虚标参数欺诈消费者行为，故向法院提起诉讼，要求该淘宝店铺退货退款并承担惩罚性赔偿责任。

法院判决

法院认为，本案的争议焦点主要集中在该淘宝店铺是否存在欺诈消费者行为及有关电视机尺寸的格式条款如何解释两个问题上。

首先，陈某林在下单购买前，向该淘宝店铺客服询问过案涉“65 寸”电视机对应长宽情况，可见案涉商品的长宽情况是陈某林作出购买决定的重要影响因素。虽然该淘宝店铺客服作出的有关商品长宽答复与标称尺寸不符，但陈某林实际收到的商品与客服答复一致，故该淘宝店铺客服并无故意夸大“65 寸”电视机的长宽意图使陈某林因陷入认识错误而作出意思表示的主观故意。但该淘宝店铺客服告知商品长宽与尺寸不对应，确会造成陈某林对其购买的商品规格、型号产生误解，但此只涉及合同是否存在重大误解而可被撤销的问题，不等同于该淘宝店铺具有欺诈之主观故意，故现有证据不足以证明该淘宝店铺销售案涉商品行为构成欺诈。

其次，双方就计量单位“寸”应为“英寸”还是“市寸”存在较大争议，是指对电视机对角线的测量长度，需结合具体的长宽来进一步确定实物大小。

综上，现有证据不足以证明该淘宝店铺销售案涉商品行为构成欺诈，但因该淘宝店铺提供的案涉商品实际尺寸与标称不一致，双方就计量单位“寸”应为“英寸”还是“市寸”存在争议。因该淘宝店铺系商品销售者，也是有关商品规格格式合同制定者，鉴于案涉计量单位有两种以上解释，故应作出不利于提供格式条款一方即该淘宝店铺的解释。综合考虑案涉同款商品不同型号的价格及双方赔偿主张，法院酌定该淘宝店铺应向陈某林赔偿经济损失 800 元。

法条解读

当今网络购物时代，为方便交易达成，多数商家会采用格式合同，以降低交易成本并提高交易效率。《民法典》第四百九十六条第一款规定：“格式条款是当事人为了重复使用而预先拟定，并在订立合同时未与对方协商的条款。”因此，格式条款具有重复使用、预先拟定及未经协商三大特征。正因商家提供的格式条款未经双方协商，故难免存在免除自身义务或增加对方责任的情形，广大消费者的合法权益无法得到切实有效的保障，甚至因经营者存在欺诈消费者行为而滋生纠纷，不利于营造良好的营商环境及促进社会经济平稳发展。因此，《民法典》将格式条款提供者的义务明确规定为三项：一是遵循公平原则确定当事人之间的权利和义务；二是采取合理的方式提示对方注意免除或者减轻其责任等与对方有重大利害关系的条款；三是按照对方要求，对该条款予以说明。

除前述经营者故意利用格式条款欺诈消费者外，双方当事人因同一格式条款的解释内容不同也会引发较大争议。《民法典》第四百九十八条规定，“对格式条款的理解发生争议的，应当按照通常理解予以解释。对格式条款有两种以上解释的，应当作出不利于提供格式条款一方的解释。格式条款和非格式条款不一致的，应当采用非格式条款”。简而言之，双方当事人就同一格式条款的解释出现较大分歧时，通常会作出不利于提供格式条款方的解释。这一原则源于罗马法“有疑义，应为对表意者不利之解释原则”，英美法和大陆法对格式条款的解释有此规定，我国《民法典》中也体现了这一原则。从本质上来看，该规则的制定实则是对公平解释原则的具体体现。相较于资源集中程度较高的生产经营者来说，广大消费者处于相对弱势的地位。而且格式条款预先拟定时，未经消费者参与及协商，故在解释争议格式条款时，出于对经济上弱者的特殊保护的考虑，采取有利于消费者权益维护的解释是合乎情理的。在实践中对该法律规定的适用需注意以下几点：一是适用该规定的前提是格式条款含义有歧义或模糊不清。若条款本身理解不存在歧义，则不能适用该法律规定，但可以从诚实信用原则角度对其进行价值评判。二是双方当事人对格式条款中词句的含义产生不同理解，且该分歧对合同履行产生较大影响时，一般采取不利于格式条款提供方的解释，以实现价值平衡。三是针对格式条款的理解不明确，格式条款提供方原意为作广义解释，而对该条款有广义、狭义两种理解时，则采取狭义解释。

典藏之语

进入20世纪以后，商业模式的多样化使格式条款大量涌现于市场交易中。格式条款多由生产经营者单方拟订，消费者没有讨价还价的空间，欠缺事先协商的程序，使不利于相对人的不公平条款大量产生，单纯因格式条款解释不同引发的纠纷已然屡见不鲜。在双方当事人就同一格式条款存在两种以上解释时，应结合格式条款解释的目的，考虑格式条款提供方（一般为企业）与相对人（一般为消费者）双方间的法益衡平，作出有利于维护相对人合法权益的解释，以实现法律的实质公平和正义。

（作者：李丹娜）

未保价的快递丢失　赔偿责任如何确定

故事梗概

何先生网购后对货物不满意，决定向商家退货。某快递公司在接受何先生委托对物品进行运输时将快件丢失。何先生与某快递公司多次交涉赔偿事宜无果后，向法院起诉要求某快递公司退还运费、按物品购买价格赔偿损失 15000 元并支付利息。

法院判决

法院经审理后认为，本案的争议焦点为涉案快件在未保价的情况下丢失，某快递公司应当如何承担赔偿责任。

根据相关法律规定，未保价的快件，依照民事法律的有关规定确定赔偿责任。《民法典》第四百九十六条第二款规定："采用格式条款订立合同的，提供格式条款的一方应当遵循公平原则确定当事人之间的权利和义务，并采取合理的方式提示对方注意免除或者减轻其责任等与对方有重大利害关系的条款，按照对方的要求，对该条款予以说明。提供格式条款的一方未履行提示或者说明义务，致使对方没有注意或者理解与其有重大利害关系的条款的，对方可以主张该条款不成为合同的内容。"《民法典》第四百九十七条第二项规定，提供格式条款一方不合理地免除或者减轻其责任、加重对方责任、限制对方主要权利，该格式条款无效。本案中，《快件运单契约条款》系某快递公司提供的格式条款，某快递公司应当就其中免除或减轻自身责任的条款向投寄人进行明确的提示和说明。现某快递公司虽在寄件下单首页对未保价物品最高赔 7 倍运费进行了说明，但是否保价并非寄件人在下单时的必填项目，寄件人无论是否填写"保价"一栏均不影响下单。若寄件人未选择填写“保价”一栏，则认定寄件人不保价，明显排除了寄件人的主要权利，加重了寄件人责任。因此，在寄件人未明确选择“不保价”的情况下，未保价最高赔偿7倍运费的条款对寄件人不发生效力。某快递公司的赔偿金额应按照交付时货物到达地的市场价格计算。现根据何先生提交的订单信息和支付记录可以认定涉案快件中的商品在货物到达地的市场价格为15000元，故何先生要求某快递公司赔偿15000元于法有据，法院予以支持。另，何先生要求的利息损失无合同和法律依据，法院不予支持。

法条解读

《民法典》第八百一十一条规定：“承运人应当在约定期限或者合理期限内将旅客、货物安全运输到约定地点。”托运人与快递公司之间形成合法有效的运输合同关系后，快递公司有义务将托运人委托其运输的物品安全运输到约定地点。对于在运输过程中物品丢失造成的损失责任承担及赔偿金额，应区分具体情形来确定。

关于物品丢失的损失责任承担，《民法典》第八百三十二条规定，“承运人对运输过程中货物的毁损、灭失承担赔偿责任。

但是，承运人证明货物的毁损、灭失是因不可抗力、货物本身的自然性质或者合理损耗以及托运人、收货人的过错造成的，不承担赔偿责任”。因此，在运输合同成立且有效的情况下，物品在运输过程中毁损、丢失，除非有明确的免责原因，否则快递公司应承担赔偿责任。

关于丢失物品的赔偿金额，《快递暂行条例》第二十七条第一款规定，“快件延误、丢失、损毁或者内件短少的，对保价的快件，应当按照经营快递业务的企业与寄件人约定的保价规则确定赔偿责任；对未保价的快件，依照民事法律的有关规定确定赔偿责任”。此种情况下，法院通常会支持按照丢失物品的实际价值进行赔偿。

典藏之语

网购已成为人们生活中商品流通的重要方式，在收货与退货的高峰时，会出现快递员未经收件人允许将物品放在收发室、货架、家门口等地导致物品丢失的情况。因此，无论是卖家发货还是买家退货均应注意以下几点：一是尽量对价值较高的物品进行保价，以便发生索赔时获取物品价值等额赔偿；二是妥善保存相关证据，如托运物品时的视频或照片、快递面单、与快递公司沟通记录等；三是托运后及时查询物流信息，同时保持通讯畅通；四是托运物品丢失后在与快递公司协商无果的情况下，可通过物流公司平台投诉、邮政投诉、消费者协会投诉等方式进行维权，也可通过诉讼的方式进行维权。

（作者：李婍婧）

出租房屋甲醛超标　可以要求退还租金

故事梗概

2021年9月30日，马某与郭某签订《房屋出租协议书》，租期1年，年租金15000元，押金2000元。同年10月9日正式入住后，马某及其家人出现不同程度的咽喉肿痛、头晕头疼等症状。马某怀疑是甲醛超标所致。出于对健康的考虑，马某于10月14日也就是入住6天后向郭某提出异议，郭某回应称装修公司跟她保证了甲醛不超标（有聊天记录）。2021年10月17日，马某用甲醛自测盒检测，结果显示甲醛超标。随后马某向郭某表示要退房，郭某不同意。当晚，马某及其家人到亲戚家借住。10月24日，郭某与马某联系对甲醛进行治理，为期24天，治理后马某一家二次入住出租房。但入住当天马某及其家人又出现咽喉发干、头痛等症状，马某怀疑甲醛仍然严重超标。马某与郭某沟通退房，郭某不同意。马某认为，郭某未履行出租人义务，租赁物已经危害到马某及其家人身体健康，构成违约，因此马某向法院提起诉讼，要求解除房屋租赁合同，全额退还已付租金、押金并由郭某承担甲醛检测费。

法院判决

法院经审理认为，依法成立的合同应受法律保护。原、被告签订的《房屋出租协议书》是双方当事人的真实意思表示，没有违反法律、行政法规的强制性规定，应确认为合法有效。本案审理过程中，马某与郭某在法院组织下，已经于2022年5月24日完成了验房、退还押金以及返还钥匙等流程，双方《房屋出租协议书》实际上已经解除。关于案涉房屋是否存在甲醛超标的问题，马某提交了吉林省某检测有限公司出具的检测报告，报告显示案涉房屋南北两个卧室甲醛、苯均超标。郭某虽然对该公司的资质提出异议，但是经法院通过天眼查查询，吉林省某检测有限公司的经营范围中包含室内空气质量检测，故法院对吉林省某有限公司出具的检测报告予以采纳，酌情支持马某甲醛检测费600元。

另外，关于租赁费损失问题，虽然马某享有随时解除合同的权利，但是应给予郭某合理的寻租期，并承担寻租期间内的租赁费。但后续郭某因双方调解未成拒绝验房、接收钥匙，造成双方损失扩大，故郭某应对租赁费损失承担 50% 的责任。

法条解读

房屋租赁是房屋使用价值零星出售的一种商品流通方式，是指出租人（一般为房屋所有权人）将房屋出租给承租人使用，由承租人向出租人支付租金的行为。房屋租赁期限超过 6 个月的，双方当事人需要签订书面合同。《民法典》第七百零三条规定，租赁合同是出租人将租赁物交付承租人使用、收益，承租人支付租金的合同。由此可知，租赁合同签订的意义既体现在保障出租人和承租人各自享有的权利，也体现在明确约定了双方应承担的合同义务。

《民法典》第七百三十一条规定，租赁物危及承租人的安全或者健康的，即使承租人订立合同时明知该租赁物质量不合格，承租人仍然可以随时解除合同。该条是关于租赁物的特别瑕疵担保规定。在租赁合同履行期间，租赁物因存在质量瑕疵，不仅影响到租赁目的的实现，还可能对承租人的生命健康产生严重威胁和不良影响。此时即使承租人明知租赁物上存在瑕疵，仍允许承租人解除合同。

本案中，出租房经双方当事人多次检测，发现甲醛含量明显超标，且承租人已经出现明显的不良反应症状，所以该出租房因甲醛含量超标存在质量瑕疵，且该质量瑕疵已经严重危及承租人的安全和健康，因此承租人即使在订立合同时明知该出租房存在甲醛超标问题，承租人仍可以主张解除合同。

典藏之语

在房屋租赁合同中，出租人所提供的租赁物应保障承租人合理使用目的的实现，当租赁物出现质量瑕疵时，出租人对此应承担质量瑕疵担保责任。若租赁物危及承租人的人身健康与安全时，即使承租人对此明知，仍可以随时解除合同。这是因为生命健康权是人的基本权利，当其他权利与其发生冲突时，人的生命健康权将得到优先保护。法律的此项设定充分体现了人身利益高于财产利益的价值判断，也体现了“司法为民”的法治理念。

（作者：李丹娜）

绕开中介私下交易　买卖双方被判违约

故事梗概

独家包销期间，买卖双方数次磋商未达成交易，合同期满后迅速自行完成交易过户，网签合同价款明显低于磋商价款，买卖

双方是否构成“跳单”？

王女士购入涉案别墅的价款为960万元。后欲出售该别墅，遂与某房产中介公司签订了《独家包销合同》。双方约定：独家包销期限为1个月，自2021年12月1日起至2021年12月31日止，委托交易价格在扣除中介服务费后不低于1550万元；若交易成功，王女士同意按成交价的1.5%向某房产中介公司支付中介服务费。

《独家包销合同》签订后，某房产中介公司将涉案房产推荐给梁先生。某房产中介公司工作人员多次带领梁先生看房，梁先生也对别墅表示满意。后在某房产中介公司引荐下，梁先生与王女士见面洽谈具体交易事项。其间，某房产中介公司与梁先生签订了《居间服务协议书》，约定交易成功后，梁先生将按成交价的1.5%向某房产中介公司支付中介服务费。之后，梁先生对涉案别墅出价至1500万元，但王女士不同意调低售价。在独家包销期限届满前，双方未达成交易。

2022年1月，某房产中介公司工作人员再次落实王女士与梁先生是否有继续交易的意向，二人均表示不再交易。某房产中介公司此后得知，王女士与梁先生在另一家中介公司工作人员协助下完成了交易过户手续，双方签订的《存量房买卖合同》显示交易价格仅为930万元，比王女士的购入价格还低了30万元，梁先生也只支付了 1 万元作为服务报酬。

某房产中介公司遂提起诉讼，主张王女士与梁先生绕开某房产中介公司、私下交易的行为构成“跳单”，同时请求法院判决王女士、梁先生分别向其支付中介服务费 23 万元。

法院判决

一审法院判决认为，售价千万元的别墅，在独家包销期间，买卖双方数次磋商，最终因价格没谈拢未达成交易。但在独家包销期满后，买卖双方迅速自行完成交易并过户，且交易价格明显低于之前磋商的价格，买卖双方构成“跳单”。法院判决王女士、梁先生分别向某房产中介公司支付中介服务费 11 万元，驳回某房产中介公司其他诉讼请求。

王女士、梁先生均不服，提起上诉。二审法院判决驳回上诉，维持原判。

法条解读

“跳单”是一种行业俗语，是指委托人与中介人订立委托协议并接受中介人服务后，为少交或不交中介服务费，利用中介人提供的资源信息或服务，绕开中介人直接与相对人订立合同。

《民法典》将原《合同法》中的“居间合同”改为“中介合同”。《民法典》第九百六十一条规定，中介合同是中介人向委托人报告订立合同的机会或者提供订立合同的媒介服务，委托人支付报酬的合同。

《民法典》第九百六十四条规定，中介人未促成合同成立的，不得请求支付报酬；但是，可以按照约定请求委托人支付从事中介活动支出的必要费用。

本案中，按照《独家包销合同》约定，某房产中介公司未能在独家包销期满前促成双方房屋买卖交易，无权获取中介报酬。

中介合同的性质决定了中介公司在交易失败的情况下，极有可能劳而无获。在这种情况下，《民法典》第九百六十五条规定，委托人在接受中介人的服务后，利用中介人提供的交易机会或者媒介服务，绕开中介人直接订立合同的，应当向中介人支付报酬。本案中，王女士、梁先生通过某房产中介公司提供的中介服务彼此认识，然后绕开某房产中介公司私下交易，根本目的在于规避支付某房产中介公司中介服务费。

典藏之语

“人无信不立、业无信不兴、国无信则衰。”《民法典》第七条规定，民事主体从事民事活动，应当遵循诚信原则，秉持诚实，恪守承诺。为形成人人讲诚信、人人守信用、童叟无欺的良好社会氛围，每个人都应做出自己的贡献。

（作者：李纪睿）

施工质量存在缺陷　交房多年仍需担责

故事梗概

某小区部分楼宇外立面的大理石石材出现不同程度的脱落，该小区业主大会作出决议，同意启动该小区住宅专项维修基金对外墙面进行修理。经过相关程序，北京市住房资金管理中心按预算审核审定的工程预算金额向施工公司拨付了施工款项。该小区业委会向法院起诉，要求小区开发商向业委会支付外墙修缮工程费用10065711.03元、赔偿律师费10万元、赔偿鉴定过程中支出的搭建脚手架及曲臂车工程费47826元并承担鉴定费35万元。

法院判决

法院经审理认为，涉诉小区×××号楼外立面的大理石石材大面积脱落，该小区业委会作为该小区业主自治管理组织，可请求侵权人赔偿损失。鉴定意见显示：××× 号楼存在施工质量缺陷是导致石材脱落的主要原因；不利因素在时间上的累积是现状存在石材脱落现象的次要原因。涉诉小区的开发商应对施工质量缺陷导致石材脱落承担赔偿责任。

建筑物及其附属设施的维修资金，属于业主共有。经业主共同决定，可以用于共有部分的维修、更新和改造。紧急情况下需要维修建筑物及其附属设施的，业主大会或者业主委员会可以依法申请使用建筑物及其附属设施的维修资金。××× 号楼经鉴定机构认定：鉴定范围内的外墙装饰因饰面层与基层分离、空鼓、开裂、脱落等造成功能障碍，危及人身财产安全，其损坏量已超过鉴定范围总量的 30%，符合《北京市住宅专项维修资金使用审核标准》的维修条件。为防止高空坠物，保障居民人身财产安全，建议对该楼鉴定范围内已脱落的和存在脱落危险的外墙装饰进行综合处理。在此种情况下，该小区业委会申请使用住宅专项维修资金进行维修，并要求开发商赔偿维修费用合法有据，法院予以支持。该小区业委会主张的维修费金额，有预算审核作为依据，且获得了北京市住房资金管理中心的拨款，法院可以此作为计算维修费赔偿金额的依据。但在确认维修费赔偿金额时，应同时考虑“不利因素在时间上的累积导致墙面脱落”这一次要原因。法院根据本案的实际情况，按照责任比例确认开发商应赔偿修理费7046000元。

该小区业委会为配合鉴定支出的脚手架搭建费及曲臂升降车租赁费属于合理支出，开发商应负责赔偿。法院亦按照相应的责任比例，确定开发商应负担的具体金额。该小区业委会和开发商均支出了鉴定费，法院综合认定确定了双方各自应负担的鉴定费金额。

该小区业委会要求开发商赔偿律师费，缺乏合同依据和法律依据，法院未予支持。

一审判决作出后，开发商不服判决，提起上诉。二审法院经审理维持了一审判决。

法条解读

《民法典》第二百三十七条规定，造成不动产或者动产毁损的，权利人可以依法请求修理、重作、更换或者恢复原状。

《民法典》第二百三十八条规定，侵害物权，造成权利人损害的，权利人可以依法请求损害赔偿，也可以依法请求承担其他民事责任。

《民法典》第二百八十一条规定，建筑物及其附属设施的维修资金，属于业主共有。经业主共同决定，可以用于电梯、屋顶、外墙、无障碍设施等共有部分的维修、更新和改造。建筑物及其附属设施的维修资金的筹集、使用情况应当定期公布。紧急情况下需要维修建筑物及其附属设施的，业主大会或者业主委员会可以依法申请使用建筑物及其附属设施的维修资金。

一般的房屋买卖合同中都会对相应的房屋保修期限进行约定，然而并非超过了合同约定的保修期，就可以当然免除开发商对房屋质量问题应承担的责任。房屋保修期的功能和作用，在于可以在保修期内免除购房户证明房屋质量问题系开发商方面的原因所致的举证责任，但并不能免除开发商在合理期限内保证房屋质量的合同义务。

本案中，经鉴定证明该小区建筑存在施工质量缺陷是导致建筑墙体石材脱落的主要原因，虽截至判决生效时，该小区已经交付 17 年，即便开发商以建筑物外墙质保期已超过为由进行抗辩，但只要确认存在施工质量缺陷，追讨侵权责任、依法请求损害赔偿仍然可行。

典藏之语

房屋质量终身负责并不是一句空话。就房屋质量问题，个体业主可主张专有部分权利，全体业主亦可共同主张共有部分权利。业主要善于利用法律武器维护自己的合法权益，即便房屋已过合同约定的保修期，开发商仍有责任对存在施工质量缺陷的维修费用承担赔偿责任，以共同维护、弘扬和谐、法治等社会主义核心价值观。

（作者：李婍婧）

供暖季漏水“淹”房屋 赔偿责任应由谁承担

故事梗概

某小区的业主刘先生发现家里屋顶漏水，找到物业公司查看楼上房屋情况，发现吴先生从未入住的家里已积水很深。经过查找，原来是热电公司的供暖水管阀门漏水，致使楼下刘先生家屋内墙壁、屋顶等损坏，造成经济损失。刘先生认为热电公司、物业公司、供暖公司、楼上业主吴先生应承担连带赔偿责任，遂将他们起诉至法院，要求赔偿经济损失 7129.63 元。

热电公司辩称：涉案小区的集中供暖由供暖公司负责，吴先生应在暖气试压检测时对自家采暖设施进行检查，在不用暖气的情况下应关闭室内总阀门，并向热力服务中心报备，热电公司不应承担赔偿责任。

物业公司辩称：物业公司并不负责业主室内的管理、维护。

吴先生未尽到管理责任造成漏水且物业公司不是供暖义务人，不应承担赔偿责任。

供暖公司辩称：漏水的主要原因是吴先生房屋室内供热设施安装质量存在缺陷，吴先生未按照供暖公告的要求办理“报停手续”，在热电公司供暖打压期间未按要求在室内留人观察自家供暖设施，供暖公司不应当承担赔偿责任。

吴先生辩称：他并未对涉案房屋进行装修，也未入住，没有交过暖气费，暖气处于关闭状态，事故发生不是他造成的，他不应承担赔偿责任。

法院判决

法院经审理认为，行为人因过错侵害他人民事权益造成损害的，应当承担侵权责任。本案中，刘先生房屋漏水是吴先生家供暖设施漏水下渗造成的。吴先生没有交纳取暖费，供暖公司没有义务给吴先生开通供暖服务，则由其管控的供暖阀门应呈关闭状态，供暖公司自身原因导致供暖阀门没有关闭，是造成漏水事件的主要原因。供暖公司提交的证据不足以证明其已经尽到了告知义务，故供暖公司应对原告的损失负主要责任。漏水房屋系吴先生所有，房屋长期无人看护，导致漏水事件发生后不能及时发现并采取措施最大限度减少或避免原告的损失，是造成漏水事件的次要原因，故吴先生对刘先生的损失负次要责任。热电公司、物业公司在此次事故中不存在过错，不应承担赔偿责任。

综上，法院确定供暖公司承担刘先生损失的 80%，吴先生承担刘先生损失的 20%，根据鉴定机构作出的评估报告确定房屋漏水造成刘先生的财产损失为 7129.63 元，供暖公司承担 80%，即 5703.7 元，吴先生承担 20%，即 1425.93 元，评估费 3000 元，供暖公司承担 2400 元，吴先生承担 600 元。

法条解读

《民法典》第一千一百六十五条规定，行为人因过错侵害他人民事权益造成损害的，应当承担侵权责任。依照法律规定推定行为人有过错，其不能证明自己没有过错的，应当承担侵权责任。

《民法典》第一千一百七十二条规定，二人以上分别实施侵权行为造成同一损害，能够确定责任大小的，各自承担相应的责任；难以确定责任大小的，平均承担责任。

本案中，管道漏水引起的损害赔偿纠纷在性质上属于一般侵权行为，故应当根据上述规定的侵权责任的一般归责原则即过错责任原则进行认定。热电公司和物业公司均提交了证据证明其履行了管理义务，且在本次漏水事件中并不存在主观过错，所以无须承担赔偿责任。但供暖公司和吴先生在本次漏水事件中均存在一定的过错行为，法院根据事故发生经过、庭审各方陈述及证据综合判断供暖公司和吴先生的责任比例，依法进行了认定。关于刘先生房屋具体损失金额的确定，《民法典》第一千一百八十四条规定，侵害他人财产的，财产损失按照损失发生时的市场价格或者其他合理方式计算。故法院将依法委托的鉴定机构确定的损失金额作为赔偿数额确定的依据。

典藏之语

每年供暖季，各类供暖纠纷也随之而来，如供暖温度未达标怎么办、闲置房屋是否需要缴纳供暖费、供暖季漏水导致财产损失由谁承担等。《民法典》合同编第十章“供用电、水、气、热力合同”对供用热力合同的内容及履行全面地进行了规范。供用热力合同相较于其他合同具有特殊性。供暖服务关系百姓民生，供暖单位应提供符合标准的供暖服务。对供暖过程中出现的问题双方应当多加沟通、协商解决，共同营造和谐的社区环境。

（作者：李婍婧）

物业不协助安装充电桩
法院支持业主合法权利

故事梗概

业主郭某从许某手中购买了一个地下车位。郭某购置新能源汽车后，想在车位上安装充电桩，请小区物业公司协助办理申请

安装手续，但物业公司以小区建设规划不含充电桩及安装充电桩存在安全隐患为由拒绝在申请材料上盖章，导致郭某无法安装充电桩。郭某遂诉至法院，请求判令物业公司协助其办理充电桩安装手续。

法院判决

法院经审理认为，新能源汽车对节约资源、保护环境具有重要意义。充电桩是促进新能源汽车产业发展的重要基础设施。国家支持居民区电动汽车充电基础设施建设，并规范了用户、物业服务企业等相关主体的权利义务。郭某作为小区业主，与物业服务企业之间形成物业服务合同关系，其欲在自家车位安装充电桩，物业公司应予以积极配合。物业公司虽辩称小区建设规划不含充电桩及安装充电桩存在安全隐患，但均非物业服务企业拒绝安装充电桩的正当理由。物业公司亦未提供证据证明在案涉车位安装充电桩存在安全隐患，且物业公司同意业主安装充电桩只是安装充电桩的环节之一，并不意味着物业服务企业可放松或放弃管理职责。最终，法院判令物业公司协助郭某办理充电桩安装手续。

法条解读

《民法典》第二百七十二条第一句规定，业主对其建筑物专有部分享有占有、使用、收益和处分的权利。根据上述规定，在停车位上停放汽车是业主的合法权利，但安装的充电桩并非汽车本身，法律并无明确规定，属于科技进步带来的新领域和法律空白点。法律空白可通过法律原则进行填补。

《民法典》第九条规定，民事主体从事民事活动，应当有利于节约资源、保护生态环境。《民法典》将节约资源、保护环境作为开展民事活动的基本原则。新能源汽车对于促进节能减排、保护生态环境意义重大，而充电桩为新能源汽车实现使用目的不可或缺的设施。在此前提下，业主安装充电桩符合《民法典》倡导的节约资源、保护环境基本原则，故结合《民法典》关于业主对建筑物专有部分占有、使用、收益权利的规定，在停车位上安装充电桩显然属于业主享有的合法权利。

《民法典》第二百七十二条规定，业主行使权利不得危及建筑物的安全，不得损害其他业主的合法权益。第九百四十二条第二款规定，对物业服务区域内违反有关治安、环保、消防等法律法规的行为，物业服务人应当及时采取合理措施制止、向有关行政主管部门报告并协助处理。业主安装充电桩是否能得到法律支持，还需审查充电桩的安装是否存在危及建筑物安全、损害其他业主合法权益的情况。本案中，物业公司拒绝配合安装充电桩，显然依据的是上述规定。但实际上，粗暴地将安装充电桩本身理解为违反消防规定属于物业公司的错误解读。国家对于充电桩的安装流程已经有明确规定，物业公司批准安装充电桩只是安装充电桩的其中一个环节，后续审批、安装均有完整把关流程。物业公司基于上述规定，无权直接拒绝配合盖章，除非物业公司有明确证据可以证明车位本身导致无法安装充电桩或者后续安装充电桩的流程存在危及建筑物安全或者损害其他业主权益的情况。在明知安装充电桩有利于节约能源的前提下，物业公司应当勇于担当，主动按国家政策和国家电网相关要求配合业主，同时采取措施降低安全隐患，全面履行物业服务合同义务。

典藏之语

“国以民为本，社稷亦为民而立。”生态福祉是最普惠的民生福祉，体现了人民对美好生活的向往，更是中华优秀传统文化的时代价值。本案原告积极响应国家新能源汽车发展和节能减排战略，长期使用新能源汽车。物业公司不得以充电桩存在安全隐患为由消极对待，而应依法依规积极作为。保护生态环境人人有责，绿水青山关乎民本，用之不觉，失之难存。该案判决不仅体现了司法为民，而且弘扬了绿色发展观中的民本性，对形成文明健康的生活风尚有促进意义。

（作者：徐芬芬）

物业公司被解聘后不撤出
业主可以不缴纳物业费用

故事梗概

某物业公司曾是黄先生居住的某小区的物业服务企业，某小区成立业委会后将某物业公司解聘。某物业公司将黄先生起诉至法院，要求黄先生支付2013年10月24日至2019年3月30日期间的物业费113023元、垃圾清运费326元、违约金113349元及自2019年3月30日起按中国人民银行同期贷款利率计算截至欠款给付之日止的欠款利息，并承担本案诉讼费。

黄先生辩称，不同意某物业公司的诉讼请求。某物业公司于2018年已经离场，未在服务期内提起诉讼，已过诉讼时效。另外，房屋屋顶有漏水情况，某物业公司没有履行其职责。

法院判决

法院经审理认为，某小区于2016年在居委会的牵头下筹备业委会，并于2017年3月召开业主大会，成立了新的业委会，于2017年4月在街道办事处备案，该业委会成立合法有效，可以代表全体业主对某小区的物业及管理作出决定。2018年3月24日至5月12日第二次业主大会召开，决议不再接受某物业公司的服务，并选聘新的物业服务企业，故某物业公司不得再强行提供物业服务，更不得以事实服务为由向业主收取物业服务费用。业委会于2018年7月16日告知某物业公司解聘其公司，不再接受任何形式的服务，并要求其于2018年7月31日上午9点进行物业交接，故法院认定某物业公司为该小区提供物业服务的截止时间为2018年7月31日。此后某物业公司在应当办理交接至撤出物业管理区域前的期间内，应当维持正常的物业管理秩序，并不得向业主收取物业服务费用。故某物业公司无权要求黄先生给付2018年7月31日之后的物业费。

关于某物业公司要求黄先生给付违约金的诉讼请求，因业委会解聘了某物业公司，业委会贴出通知告知业主不再向某物业公司缴纳物业费，故黄先生并非无故拒交物业费，法院对某物业公司要求缴纳违约金的诉讼请求，不予支持。

关于诉讼时效问题，虽然双方未签订书面的物业服务合同，对物业服务费缴纳未约定交费时间，但物业费通常按年度缴纳，黄先生至迟应于当年年底缴纳物业费及相关费用，故诉讼时效从每年年底开始计算，某物业公司未提交任何证据证明其在物业服务期间向黄先生主张过权利，故应承担举证不能的法律后果。因某物业公司曾于 2019 年年底向法院提交起诉状，向黄先生主张相关权利，故 2016 年 1 月 1 日之后的相关费用未超过诉讼时效，法院予以支持。

法条解读

《民法典》第九百三十七条第一款规定，物业服务合同是物业服务人在物业服务区域内，为业主提供建筑物及其附属设施的维修养护、环境卫生和相关秩序的管理维护等物业服务，业主支付物业费的合同。

《民法典》第九百四十九条规定，物业服务合同终止的，原物业服务人应当在约定期限或者合理期限内退出物业服务区域，将物业服务用房、相关设施、物业服务所必需的相关资料等交还给业主委员会、决定自行管理的业主或者其指定的人，配合新物业服务人做好交接工作，并如实告知物业的使用和管理状况。原物业服务人违反前款规定的，不得请求业主支付物业服务合同终止后的物业费；造成业主损失的，应当赔偿损失。

物业服务合同是物业服务人在物业服务区域内，为业主提供建筑物及其附属设施的维修养护、环境卫生和相关秩序的管理维护等物业服务，业主支付物业费的合同。《民法典》合同编第二十四章专门对物业服务合同的定义、内容、形式、终止、物业服务企业的解聘、续聘等进行了全面的规定。

物业服务合同纠纷案件中数量最多就属业主未缴纳物业费而被物业公司起诉的相关案件。通常业主拒绝缴纳物业费的理由集中在未在房屋内居住、业主本人未签订物业服务合同、业主财物在小区内丢失、房屋漏水、租户未缴纳物业费等。但根据已生效裁判文书显示，上述理由并非都能成为不缴纳物业费的有效抗辩。根据《民法典》第九百四十四条的规定，业主应当按照约定向物业服务人支付物业费。物业服务人已经按照约定和有关规定提供服务的，业主不得以未接受或者无需接受相关物业服务为由拒绝支付物业费。业主违反约定逾期不支付物业费的，物业服务人可以催告其在合理期限内支付；合理期限届满仍不支付的，物业服务人可以提起诉讼或者申请仲裁。业主不缴纳物业费需要有正当理由，如物业公司未在合同终止后撤出小区期间的物业费、超过诉讼时效期间的物业费、物业提供的无物业合同约定的服务内容且业主不同意部分对应的物业费、物业公司收费无物价管理部门审批、物业公司擅自提高物业服务费超过原收费标准部分、物业公司提供的服务质量不符合合同约定等。

典藏之语

随着社会经济发展水平和人民生活水平的不断提高，业主对于物业公司的服务要求也随之提高，而一些物业公司不能及时提升服务质量、转变服务理念导致和业主之间的矛盾越发激烈。物业服务事关小区全体业主的公共利益，物业公司对于业主提出的诉求应及时予以回应，不断提高物业服务水平；业主亦有义务及时向物业公司缴纳物业管理费，以保证物业公司正常运转及日常维护。双方均应共同努力，构建和谐、稳定的社区环境。

（作者：李婍婧）

物业公司占用公共收益 业委会索要获法院支持

故事梗概

某小区业委会成立后，向该小区物业公司发函，要求物业公司公布小区公共收益情况并与业主商榷利益分配问题，物业公司向业委会回复时出具“某小区停车费统计”表。根据表中统计，该小区两年停车费用共计300027.5元，物业公司因停车场路面维修实际支出8984元、监控改造维修费用支出46535元。小区业委会向法院起诉，要求依法判决物业公司返还两年的公共收益300027.5元、赔偿资金占用损失并负担诉讼费用。

法院判决

法院经审理认为，权利或财产变动过程中受益者要保有其所受利益的正当性，取得利益人事先虽具有合法的根据但事后丧失的，即构成不当得利，应负返还的义务。依照法律规定，物业公司利用物业共有部分产生的收益，扣除合理成本后属于业主共有。在业委会向物业公司发函要求公布小区公共收益后，对停车费问题，物业公司出具了“停车费统计”表进行回复，该统计显示小区 2019 年、2020 年停车费共计 300027.5 元。物业公司辩称上述统计费用除包含公共收益部分外另包含规划车位的收益，并称其在出具统计表时即告知此事且二者不可区分。该辩解业委会不认可，且物业公司是在业委会函告其公布公共收益的情况下出具的该份统计，应视为对其要求的回复，物业公司亦无证据证实上述费用中包含非公共收益，对此应承担举证不能的后果，上述费用应推定为系该小区停车费公共收益。

对于费用支出情况，虽然业委会仅认可其中用于购买黄标漆及铺砖人工费用共计 605 元，但认可物业公司对停车场路面维修、停车场监控改造维修的事实，对以上费用物业公司的证据能相互印证，可证明实际支出费用，对该部分费用共计 55519 元予以确认。

关于物业公司辩称的支付员工工资部分，不应自公共收益部分中扣减，对此不予采纳；业委会诉请返还的公共收益部分，应为实际收益扣减支出之后的余额部分，关于物业公司辩称的支出停车场修补沥青路面、停车场排污管道改造费用，物业公司所提交工程结算表无签章确认、排污管改造费用亦无费用结算，该部分支出情况无法确定，物业公司对此应承担举证不能的后果，故对物业公司的这部分辩解不予采纳。

综上，物业公司应返还金额为244508.5元；业委会关于要求物业公司承担自2020年12月1日起至判决生效之日止的资金占用费的诉讼请求，不违反法律规定，计算标准可按3.85%计算。

一审判决后，物业公司不服，提起上诉。二审法院经审理，维持了一审判决。

法条解读

《民法典》第二百八十二条规定，建设单位、物业服务企业或者其他管理人等利用业主的共有部分产生的收入，在扣除合理成本之后，属于业主共有。

《物业管理条例》第五十四条规定，利用物业共用部位、共用设施设备进行经营的，应当在征得相关业主、业主大会、物业服务企业的同意后，按照规定办理有关手续。业主所得收益应当主要用于补充专项维修资金，也可以按照业主大会的决定使用。

业主对建筑物专有部分以外的共有部分，享有权利。公共收益是指利用小区内共有部分，包括共有区域、共有设施设备进行经营管理所获取的收益。根据《民法典》的相关规定，建筑区划内的道路，建筑区划内的绿地，建筑区划内的其他公共场所、公用设施和物业服务用房、占用业主共有的道路或者其他场地用于停放汽车的车位，均属于业主共有。建筑区划内规划用于停放汽车的车位、车库的归属，由当事人通过出售、附赠或者出租等方式约定。

本案中，根据相关法律规定停车费收入应当属于公共收益，故法院在扣除了合理的成本后，判决物业公司应当依法向业委会返还。

典藏之语

近年来，随着全民法治意识的提升，越来越多的业主开始关注到小区公共收益问题。但在实际生活中，大部分小区的公共区域及设施均由该小区的物业服务企业经营管理，业主并不实际参与其中，对公共收益的账目缺乏了解，一些物业企业也缺乏对公共收益进行公布、返还、管理的意识。

在《民法典》《物业管理条例》等法律法规对公共收益的归属和使用进行明确规定的前提下，物业管理企业应当更加积极、主动地严格按照法律法规的规定，让公共收益成为一本“明白账”。

（作者：李婍婧）

物业被解聘拒绝退场 小区业主该如何维权

故事梗概

G物业系W市J小区的前期物业管理公司。2017年12月18日，J小区业主大会决议更换物业，解除与G物业的物业合同关系。

2018年1月，J小区与新物业公司签订了物业服务合同，由该公司为J小区提供服务。J小区与G物业的物业管理关系结束后，G物业拒不退场，和G置业一起在地下车库入口焊了钢筋栅栏进行隔离，导致小区车辆无法入库停放，并派工作人员把控小区1号和7号门岗。新签约的物业公司无法工作，保洁与保安工作一度停摆，小区一片混乱，业主生活、安全无法得到保障。

2019年5月，J小区业主委员会起诉至法院，请求确认腾退的门岗为小区所有，并判令G置业、G物业搬出小区，停止对小区不法侵害并承担诉讼费用。

法院判决

法院认为：首先，一个物业管理区域由一个物业服务企业实施物业管理。G物业作为前期物业公司，在引进新物业公司后应当及时交接物业、退出管理，G物业在物业管理关系结束后在案涉地下车库入口设置栅栏并派人把控小区门口的行为，缺乏合法依据。其次，案涉地下车库系人民防空工程，平时用于小区业主停放车辆，G物业设置栅栏对案涉人防地下车库实施占用，实质改变了其用途，影响人民防空工程的正常维护并限制了其平时的停车功能，对小区业主的停车权利造成妨害，应予排除。

最终，法院判决 G 置业、G 物业拆除在 J 小区地下车库入口处设置的栅栏并退出对地下车库的管理。

法条解读

根据法律数据库检索结果，近 5 年与物业服务合同有关的民事纠纷一审裁判文书数量达到了 260 万余件，物业与业主之间存在较多的矛盾和问题。对此，《民法典》在合同编新增了“物业服务合同”一章，其中对于物业服务合同的签订及终止进行了以下规定：

《民法典》第九百四十条规定，建设单位依法与物业服务人订立的前期物业服务合同约定的服务期限届满前，业主委员会或者业主与新物业服务人订立的物业服务合同生效的，前期物业服务合同终止。

《民法典》第九百四十六条规定，业主依照法定程序共同决定解聘物业服务人的，可以解除物业服务合同。决定解聘的，应当提前六十日书面通知物业服务人，但是合同对通知期限另有约定的除外。依据前款规定解除合同造成物业服务人损失的，除不可归责于业主的事由外，业主应当赔偿损失。

《民法典》第九百四十七条规定，物业服务期限届满前，业主依法共同决定续聘的，应当与原物业服务人在合同期限届满前续订物业服务合同。物业服务期限届满前，物业服务人不同意续聘的，应当在合同期限届满前九十日书面通知业主或者业主委员会，但是合同对通知期限另有约定的除外。

《民法典》第九百四十九条规定，物业服务合同终止的，原物业服务人应当在约定期限或者合理期限内退出物业服务区域，将物业服务用房、相关设施、物业服务所必需的相关资料等交还给业主委员会、决定自行管理的业主或者其指定的人，配合新物业服务人做好交接工作，并如实告知物业的使用和管理状况。

原物业服务人违反前款规定的，不得请求业主支付物业服务合同终止后的物业费；造成业主损失的，应当赔偿损失。

典藏之语

物业服务合同可以说是覆盖人口最多的合同之一，《民法典》合同编新增的“物业服务合同”一章，使物业服务合同从“无名合同”变成了“有名合同”，提升了其法律地位，彰显了其重要作用。《民法典》要求房地产开发企业、物业服务企业提供更加专业化、规范化的服务，切实为人民群众维护自身合法权益、构建美好生活提供了重要的法律保障。

（作者：周仕帅）

老人乘坐公交车猝死 法院判公交公司无责

故事梗概

2019年12月13日，吴某从笕桥公交站上车乘坐余杭公交公司所属、由司机诸某驾驶的398路公交车出行。其间，在车上仅剩吴某一人乘车的情况下，司机诸某上前查看，并用脚触碰吴某，但吴某没有回应，诸某继续开车。随后，诸某又两度上前查看吴某，发现吴某还是没有回应并有流口水的情况，于是诸某停车拨打公司车队长电话汇报情况，并拨打110和120电话救助。

吴某被120救护车送往浙江省杭州市余杭区某人民医院，经抢救无效死亡。经初步诊断，死亡原因为猝死。吴某亲属认为，吴某的死亡系因公交车驾驶员未履行积极的救助义务所致，故提起诉讼，请求法院判处余杭公交公司承担赔偿责任。

法院判决

一审法院经审理认为，吴某亲属当庭陈述吴某平时身体健康状况良好，车载视频中吴某一人乘车时身体并无明显异样。根据杭州市余杭区某人民医院当日急诊记录和居民死亡医学证明书记载，吴某系猝死。对于这种无明显外在表征的突发疾病，要求非专业医护人员的公交车司机准确判断吴某的病情，并采取相应的心肺复苏措施，明显超出法律规定的承运人救助义务。

吴某死亡系自身健康原因造成，与公交车司机的行为并无因果关系，故法院依法驳回吴某亲属全部诉讼请求。吴某亲属提起上诉，二审法院经审理认为，一审判决认定事实清楚，适用法律正确，实体处理适当，遂驳回上诉，维持原判。

法条解读

《民法典》第八百二十二条规定，承运人在运输过程中，应当尽力救助患有急病、分娩、遇险的旅客。

由上述法条可知，客运合同履行过程中，对旅客的救助义务是客运合同下承运人应承担的重要法定义务。虽然旅客出现急病、分娩或遇险等情况大多不是由承运人造成，但承运人如果有能力对旅客的急病、分娩或危险状况采取救助措施，而采取放任、不作为的态度，可以认定承运人未尽到法定义务，则其应依法承担相应责任。

《民法典》第八百二十三条第一款规定，承运人应当对运输过程中旅客的伤亡承担赔偿责任；但是，伤亡是旅客自身健康原因造成的或者承运人证明伤亡是旅客故意、重大过失造成的除外。

本案中，吴某的死亡系自身健康原因所致，该死亡结果与司机行为之间不存在因果关系，且司机在发现吴某不适后，立即向公司汇报并拨打救助电话，快速将乘客送医抢救，该司机已经履行了尽力救助乘客的义务，不存在过错，因此不应承担赔偿责任。

典藏之语

客运合同是旅客与承运人达成的关于旅客运输服务的协议，其目的在于由承运人按时将旅客安全送达目的地。这里提到的安全运输，不仅包含承运人本身要采取措施保证旅客的人身安全，还对运输过程中出现急病、分娩、遇险等紧急情况下的旅客负有尽力救助义务。因受场地、设备、手段等多重条件的限制，承运人有时未能妥善处理紧急情况，并非当然需要承担赔偿责任，而是要结合当时的客观情况，对承运人是否在力所能及的范围内进行了协助工作予以综合评判。

（作者：李丹娜）

员工履行职务向单位借款
法院认定不属于民间借贷

故事梗概

张某原系北京某公司员工，于2007年至2018年在北京某公司工作。2013年3月15日，张某向北京某公司支取款项2万元，并提交借款单，借款单上载明张某所在部门为信息工程部，项目名称为科委海淀区四季青7号院项目2号楼/1号楼核心机房工程，借备用金2万元，借款单“审批人”处有公司领导、费控主管、项目经理确认，“领款人”处有张某本人签字。后因张某离职后一直未归还上述款项，北京某公司遂向法院提起诉讼，要求张某归还欠款本金2万元并支付利息。

法院判决

法院经审理认为，张某原系北京某公司职工，张某填写借款单借出备用金并非个人使用，系经过部门领导和公司领导审批的职务行为，款项亦用于项目需要，北京某公司与张某之间缺乏构成借款合同的意思表示，北京某公司要求张某承担还款付息的法律责任缺乏事实及法律依据。因此，法院判决驳回北京某公司的诉讼请求。

北京某公司不服一审判决，提起上诉。二审法院经审理认为，《最高人民法院关于职工执行公务在单位借款长期挂账发生纠纷法院是否受理问题的答复》中指出，劳动者在委托事项完成后，因未及时报销冲账与单位发生纠纷，应由单位按其内部财会制度处理。参照前述精神，本案中，在案证据显示诉争的款项产生于张某在北京某公司任职期间，且用于北京某公司项目。就款项的性质而言，该款项实际是一种预支行为，如何报销以及冲抵受单位财务管理制度的约束，故双方就借支款的返还问题属于劳动争议。北京某公司以借款合同纠纷为由提起诉讼，系法律关系认识错误，且未经过前置程序，不符合起诉条件。依照最高人民法院《关于适用〈中华人民共和国民事诉讼法〉的解释》第三百二十八条关于人民法院依照第二审程序审理案件，认为依法不应由人民法院受理的，可以由第二审人民法院直接裁定撤销原裁判，驳回起诉的规定，北京某公司的起诉应依法予以驳回。综上，二审法院裁定撤销一审判决，驳回北京某公司的起诉。

法条解读

《民法典》第六百六十七条规定，借款合同是借款人向贷款人借款，到期返还借款并支付利息的合同。民间借贷行为是平等主体之间发生的民事法律关系。在主体符合之外，借款关系的成立，需要两大构成要件：一是双方达成借贷合意，二是实际交付款项。

在上述案例中，由于张某支取款项时系北京某公司的员工，所以双方存在一种管理与被管理的关系，并非平等主体。另外，款项的使用，明确是为了履行职务行为，可见张某在支取款项时，并无向公司借款的意图，双方借款合意未达成，且最终张某将款项用于履行职务，故实际上款项并未实现借款人的个人目的。因此，在上述情况下，虽然形式上具备借条、转账凭证等要素，但张某和公司不能成立民间借贷法律关系。

此外，在《最高人民法院关于职工执行公务在单位借款长期挂账发生纠纷法院是否受理问题的答复》中明确指出，受单位委派从单位预支款项属于职务行为，劳动者与单位之间不存在平等主体间的债权债务关系，法院不应作为民事案件受理。这一答复实际上明确了两个问题：一是员工从单位支取款项履行职务，与单位不属于民间借贷法律关系；二是在出现上述情况的时候，法院不应作为民事案件受理。所以，二审法院裁定撤销原判，驳回起诉。

典藏之语

员工在履行职务的过程中，向单位支取款项垫付费用的情形在实务中极为常见，单位与员工经常因款项性质发生争议。对于这一情况，单位应当加强管理，严格财务制度。在后续财务审核过程中，若发现类似情况，单位应当首先全面核实借款背景，自查上述情况是否属于民间借贷，避免贸然起诉至法院，浪费司法资源。同时，员工在向单位支取款项的过程中，也务必注意依据单位的财务制度，合法合规支取款项，并及时催促单位进行财务处理，以减少误会。

（作者：徐芬芬）

合同履行陷入僵局　违约方可诉请解除

故事梗概

2016 年 10 月 7 日，银龙公司（卖方）、旭日公司（买方）签订《工业产品购销合同》，约定旭日公司向银龙公司购买价值 820000 元的货物。其中合同交货、付款方式约定“1. 交货期 90 日内全部供完，自预付款到达银龙公司指定账户之日起算，即 2017 年 1 月 7 日交货完毕；2. 付款方式为合同生效之日起 3 日内旭日公司支付预付款 20%，货物全部送达交货地点，旭日公司组织签收完毕，5 日内再支付合同总金额 60% 的货款。调试验收完毕 5 日内，旭日公司支付合同总金额 15% 的调试款，留质量保证金 5% 一年，质量保证期满一周内一次性付清”。合同违约责任约定“银龙公司非因不可抗力及意外事件导致的迟延交货，每迟延 1 日应按延期交货金额 1‰向旭日公司支付违约金”。

2016 年 10 月 9 日，旭日公司向银龙公司支付 20% 的合同款。

2016年10月17日，双方签订《合同补充协议》，旭日公司补充采购2760元货物，现合同总金额为822760元。

2016年10月20日、11月30日，银龙公司向旭日公司交付了价值472187.2元的货物。

2016年12月17日，旭日公司向银龙公司发送催货通知书，要求银龙公司收到通知书后立即供货，银龙公司于次日签字确认“收到通知书”。

2016年12月20日、12月23日，银龙公司向案外人郁某转账20000元预付款及78487元货款。

2018年1月15日，旭日公司向银龙公司发送律师函，称因银龙公司的严重违约导致旭日公司无法施工，已造成巨额损失及第三方索赔，要求银龙公司在收到函件3日内解决违约一事。

2020年7月，银龙公司向法院提起诉讼，请求：（1）解除2016年10月7日签订的《工业产品购销合同》；（2）旭日公司支付403074元合同款以及违约金。

法院判决

一审法院审理后判决驳回银龙公司的全部诉讼请求。银龙公司不服判决，提起上诉。

二审法院经审理认为，本案主要争议是银龙公司是否有权主张解除合同。认定情况如下：

1. 银龙公司未按约定履行合同义务，构成违约。

涉案《工业产品购销合同》约定，银龙公司应自旭日公司预付款到账之日起 90 日内交货完毕，而银龙公司于 2016 年 11 月 30 日前交付了部分货物，虽银龙公司主张其通过第三方向旭日公司交付了价值 98487 元的货物，但旭日公司未予确认，且银龙公司对此未能充分举证证明，嗣后也未按合同约定的交货期限向旭日公司交付剩余货物，已构成违约。

2. 银龙公司可以解除案涉合同。

其一，根据已查明的事实，银龙公司作为违约方，主观上不具有恶意。其二，鉴于合同标的物目前的市场价格明显高于合同约定的单价，若要求银龙公司继续履行交货义务会导致明显不公平。其三，旭日公司作为守约方，既未在合理期限内要求履行，又拒绝解除合同，显然有违诚信原则。在出现合同僵局的情况下，银龙公司会因未履行全部交货义务而无法获得已履行部分的相应对价，继而导致双方利益失衡，所以虽然本案争议的合同成立及法律事实均发生在《民法典》施行前，但根据《最高人民法院关于适用〈中华人民共和国民法典〉时间效力的若干规定》第十一条的规定，本案应适用《民法典》第五百八十条第二款的规定。

银龙公司起诉请求解除合同，具有事实和法律依据。

《工业产品购销合同》于2020年11月23日解除，旭日公司向银龙公司支付308187.2元合同款。因旭日公司并非违约方，故银龙公司的违约金请求于法无据，不予支持。旭日公司未在本案中提出反诉追究银龙公司的违约责任，如果旭日公司认为银龙公司违约给其造成了损失，旭日公司可另行起诉主张损害赔偿。

法条解读

《民法典》第五百八十条规定："当事人一方不履行非金钱债务或者履行非金钱债务不符合约定的，对方可以请求履行，但是有下列情形之一的除外：（一）法律上或者事实上不能履行；（二）债务的标的不适于强制履行或者履行费用过高；（三）债权人在合理期限内未请求履行。

有前款规定的除外情形之一，致使不能实现合同目的的，人民法院或者仲裁机构可以根据当事人的请求终止合同权利义务关系，但是不影响违约责任的承担。"

上述法条实际上是在《全国法院民商事审判工作会议纪要》第四十八条规定基础上进行的修改，目的在于解决实践中存在的合同僵局问题，旨在完善合同违约责任制度。

本案中，案涉《工业产品购销合同》约定银龙公司应自旭日公司预付款到账之日起 90 日内交货完毕，而银龙公司于 2016 年 11 月 30 日前仅交付了部分货物，且未能充分举证证明已完成剩余货物的交付，构成违约。鉴于合同标的物市场价格出现异常，继续履行合同约定的交货义务，将对违约方明显不公平。如果继续履行合同可以给守约方带来一定的利益，但此种利益与给违约方造成的损失相比明显不对等，尤其是在违约方能够赔偿守约方因合同解除而遭受的损失时。因此，作为违约方的银龙公司诉请解除案涉合同于法有据，合理合法。

典藏之语

《民法典》第五百八十条实则是对合同解除制度在立法层面上的完善与补充。当守约方可以解除合同，但拒绝行使解除权并要求继续履行，而违约方已经履行不能或履约将导致严重显失公平时，违约方可在符合《民法典》第五百八十条第一款第二项相应情形下，请求法院或者仲裁机构确认终止合同权利义务关系，以此打破强制履行不能的合同僵局，避免造成不必要的社会资源和司法资源的耗费，以期实现实质正义，促进市场经济稳定长足的发展。

（作者：李丹娜）

PART 4

人格权编

网络非法外之地　发表言论需谨慎

故事梗概

汪某与李某都在某商业街经营店铺，两家店铺相邻。一日，两人因生意问题发生肢体冲突，皆受伤住院治疗。后经派出所调解，双方达成治安纠纷调解协议，约定均不得就此事追究对方法

律责任。同时，保证约束好各自言行，互不影响对方的经营行为。

然而，二人之间的“战争”并未就此终止。更有甚者，李某在其微信朋友圈多次发布侮辱、诋毁等不当言论，并在文字下方附上与汪某相关的视频、照片。

汪某就此事将李某诉至法院，要求李某立即撤回诋毁言论并在微信朋友圈公开赔礼道歉，同时提出赔偿名誉损失费 1 万元。诉讼期间，李某将其发布的不当言论删除。

法院判决

法院认为，李某在微信朋友圈发表的言论对汪某的名誉造成了一定的损害，应当赔礼道歉、消除影响、恢复名誉。李某在诉讼期间删除了其发布的有损汪某名誉的信息，已主动停止侵害并消除影响，但并未作出赔礼道歉的意思表示，故汪某要求李某在微信朋友圈公开赔礼道歉的请求应予以支持。由于汪某未提供充分证据证明其损失，法院对于汪某要求李某赔偿 1 万元名誉损失费的主张不予支持。

最终，法院判决李某在其微信朋友圈发布向汪某赔礼道歉的信息以恢复汪某的名誉，发布的道歉内容应当经过法院审查同意。

法条解读

微信作为最常用的通信工具，很多人习惯在微信朋友圈晒生活、晒工作等日常照片和视频，甚至借助朋友圈发泄负面情绪。但微信朋友圈并非法外之地，发布损害他人名誉的言论、图片、视频等应当承担相应法律责任。对此，《民法典》作出了规定。

《民法典》第一千零二十四条规定："民事主体享有名誉权。任何组织或者个人不得以侮辱、诽谤等方式侵害他人的名誉权。名誉是对民事主体的品德、声望、才能、信用等的社会评价。"

《民法典》第一百七十九条规定："承担民事责任的方式主要有：（一）停止侵害；（二）排除妨碍；（三）消除危险；（四）返还财产；（五）恢复原状；（六）修理、重作、更换；（七）继续履行；（八）赔偿损失；（九）支付违约金；（十）消除影响、恢复名誉；（十一）赔礼道歉。法律规定惩罚性赔偿的，依照其规定。本条规定的承担民事责任的方式，可以单独适用，也可以合并适用。"

《民法典》第一千一百六十五条规定："行为人因过错侵害

他人民事权益造成损害的，应当承担侵权责任。依照法律规定推定行为人有过错，其不能证明自己没有过错的，应当承担侵权责任。”

《民法典》第一千一百八十二条规定：“侵害他人人身权益造成财产损失的，按照被侵权人因此受到的损失或者侵权人因此获得的利益赔偿；被侵权人因此受到的损失以及侵权人因此获得的利益难以确定，被侵权人和侵权人就赔偿数额协商不一致，向人民法院提起诉讼的，由人民法院根据实际情况确定赔偿数额。”

《民法典》第一千一百八十三条规定：“侵害自然人人身权益造成严重精神损害的，被侵权人有权请求精神损害赔偿。因故意或者重大过失侵害自然人具有人身意义的特定物造成严重精神损害的，被侵权人有权请求精神损害赔偿。”

本案中，李某公开在微信朋友圈发布不当言论侵犯了汪某的名誉权，但汪某提供的证据以及案件的实际情况不足以证明汪某的名誉受到了较严重的损害。法院判决合法合理。

典藏之语

微信等通信工具及附属功能的发展不仅丰富了人们的生活，还拓宽了人们言论表达的空间。但行使言论自由权应在法律允许的范围内，肆意发表不当言论损害他人权利的，受害人可以拿起法律武器捍卫自己的合法权益。同时，我们应当摒弃不良用语，营造健康的网络生态环境，助推社会文明进步。

（作者：穆晶晶）

媒体未尽核实义务　应当承担侵权责任

故事梗概

2021 年 4 月 17 日，上海某媒体公司使用其新浪账号发表文章《演员李某某被曝诈骗粉丝数千万加盟商：要么给钱要么给货》，文中有“李某某的老公刘某被曝以单身身份诱骗良家少女”“李某某夫妻二人通过这种方式获取数千万的资金，但这笔钱并未转给厂家”“这些受骗者多数是农村妇女”“微博用户常某自称是李某某公司全国总代理及个人助理，去年 11 月，她在微博发声明称，李某某夫妇诬陷她恶意拖欠公司款项”“其实大部分的加盟商之所以愿意做这个生意，还不都是因为她这张脸大家认识，大家都挺单纯的，觉得一个演员应该不能骗老百姓这点钱，结果真没想到她就做到这一步了”等内容。李某某认为文章内容对其构成侮辱和诽谤，遂向法院提起诉讼。

上海某媒体公司认为涉案文章所报道事件系社会关注热点，

多家媒体对其进行了报道，属于事实表述，并非主观评论。该公司为证明其基于涉案事件进行过核实工作，涉案文章具有真实性，提交《被指诈骗数百粉丝1000多万血汗钱，“庄嫂”李某某回应》《演员李某某就涉嫌诈骗粉丝发表律师声明：不排除用人不当》等文章、微博用户“揭露李的真面目”的微博截图、微博用户“春风佛面889”微博截图、与加盟商的录音等证据。

法院判决

法院认为，涉案文章内容中“从2019年年中至2020年年初，李某某夫妻二人通过这种方式获取数千万的资金，但这笔钱并未转给厂家”“演员李某某被曝诈骗粉丝数千万”等内容，用肯定性的表述明确叙述李某某存在骗取粉丝钱财的事实，上述内容将使李某某社会评价降低。上海某媒体公司虽辩称涉案文章内容来源于其他媒体报道及微博用户发布的爆料文章，但未举证证明事前曾就相关事实向有关当事人和有权机关进行过核实，即上海某媒体公司未举证证明涉案文章内容存在客观的事实依据，对于明显可能引发争议、易使他人名誉受损的涉案文章内容，上海某媒体公司提交的现有证据不足以证明其尽到了合理核实义务，故上海某媒体公司发布的涉案文章内容无事实依据，构成对李某某的诽谤。李某某要求公开赔礼道歉、删除涉案文章的诉讼请求有事实和法律依据，应予支持。关于李某某主张的精神损害抚慰金，鉴于上海某媒体公司发布涉案文章的行为给李某某的社会形象造成直接的侵害，该行为势必给李某某造成精神上的严重损害，故李某某要求上海某媒体公司赔偿精神损害抚慰金的诉讼请求，于法有据，依法应予支持。关于经济损失，李某某并未提供证据证明其因本次侵权造成的实际损失数额或上海某媒体公司因此而获得的相应经济利益，且李某某未提交证据予以证明存在合理开支，故对该项诉讼请求不予支持。

法条解读

核实义务系新闻媒体从业人员的基本义务，是否尽到核实义务也是法官判断媒体是否具有过错的主要标准。媒体在进行新闻报道、舆论监督等行为时，相关内容从他处获得、转载的，尤其是相关内容有极大可能对他人名誉造成不良影响的，应谨慎地考量该信息内容的真实性及可能对他人名誉造成的损害，对要报道的内容应尽到严谨充分的核实义务，否则可能承担侵权责任。《民法典》对此规定如下：

《民法典》第九百九十九条规定，为公共利益实施新闻报道、舆论监督等行为的，可以合理使用民事主体的姓名、名称、肖像、个人信息等；使用不合理侵害民事主体人格权的，应当依法承担民事责任。

《民法典》第一千零二十五条规定：“行为人为公共利益实施新闻报道、舆论监督等行为，影响他人名誉的，不承担民事责任，但是有下列情形之一的除外：（一）捏造、歪曲事实；（二）对他人提供的严重失实内容未尽到合理核实义务；（三）使用侮辱性言辞等贬损他人名誉。”

《民法典》第一千零二十六条规定：“认定行为人是否尽到前条第二项规定的合理核实义务，应当考虑下列因素：（一）内容来源的可信度；（二）对明显可能引发争议的内容是否进行了必要的调查；（三）内容的时限性；（四）内容与公序良俗的关联性；（五）受害人名誉受贬损的可能性；（六）核实能力和核实成本。”

典藏之语

当下自媒体发展迅速，大量信息在各种媒介中迅速传播，真假难辨，社会新闻不断“反转”的现象屡见不鲜。媒体人应秉持谨慎、负责、公正的工作作风，不主观臆断、不凭空想象，尽到合理的核实义务，多源核实，尤其是向被报道当事人本人核实事件真假；不人为篡改或摆拍图片、视频，不歪曲事实，形成职业自律操守；不任意妄为、打着言论自由和公共利益的旗号侵犯他人人格权，做到客观公正，守住媒体人的底线。

（作者：周仕帅）

国士不可辱　名誉不可侵

故事梗概

2021 年 5 月 22 日 13 时 7 分，中国工程院院士、“杂交水稻之父”、“共和国勋章”获得者袁隆平在湖南长沙逝世。张某于 2021 年 5 月 22 日至 5 月 24 日期间，利用境外信息网络平台，公然发表、转推侮辱、诋毁袁隆平院士的推文共计 9 条。根据《英雄烈士保护法》《民法典》相关规定，在依法征询袁隆平院士近亲属的同意后，天津市人民检察院第二分院向法院提起民事公益诉讼。

法院判决

法院认为：张某在网络平台上公然发表不实言论，亵渎了袁隆平院士的事迹和精神，丑化了袁隆平院士的形象，贬损了其名誉，超出了言论自由的合法范围，主观上存在明显过错。张某的行为不仅侵害了袁隆平院士的个人人格尊严，还伤害了社会公众的感情，损害了社会公共利益。法院当庭宣判被告张某于本判决生效之日起10日内，在国家级新闻媒体公开赔礼道歉、消除影响。

法条解读

袁隆平院士并不是《英雄烈士保护法》中规定的“英雄烈士”，为什么要适用这一罪名处理？最高人民检察院第一检察厅副厅长罗庆东曾表示，“对于那些虽然不属于烈士，但事迹、精神被社会普遍公认的已故英雄模范人物，如袁隆平院士，因为他们为国家、民族和人民作出了巨大贡献和牺牲，其名誉、荣誉承载着社会主义核心价值观，应当纳入侵害英雄烈士名誉、荣誉罪的保护对象，与英雄烈士的名誉、荣誉一样予以刑法上的一体保护”。

01 英雄烈士名誉权受保护的依据

《英雄烈士保护法》第二十二条第一款、第二款规定，禁止歪曲、丑化、亵渎、否定英雄烈士事迹和精神。英雄烈士的姓名、肖像、名誉、荣誉受法律保护。任何组织和个人不得在公共场所、互联网或者利用广播电视、电影、出版物等，以侮辱、诽谤或者其他方式侵害英雄烈士的姓名、肖像、名誉、荣誉。

《民法典》第一百八十五条规定：“侵害英雄烈士等的姓名、肖像、名誉、荣誉，损害社会公共利益的，应当承担民事责任。”

《刑法》第二百九十九条之一规定：“侮辱、诽谤或者以其他方式侵害英雄烈士的名誉、荣誉，损害社会公共利益，情节严重的，处三年以下有期徒刑、拘役、管制或者剥夺政治权利。”

02 侵害烈士名誉权民事诉讼主体确认

《英雄烈士保护法》第二十五条第一款、第二款规定：“对侵害英雄烈士的姓名、肖像、名誉、荣誉的行为，英雄烈士的近亲属可以依法向人民法院提起诉讼。英雄烈士没有近亲属或者近亲属不提起诉讼的，检察机关依法对侵害英雄烈士的姓名、肖像、名誉、荣誉，损害社会公共利益的行为向人民法院提起诉讼。”

03 侵害英雄烈士名誉权责任承担方式

首先，根据《民法典》第一百八十五条的规定，侵害英雄烈士名誉权，需要承担民事责任，本案中法院判令张某赔礼道歉、消除影响就是典型的民事责任承担方式。

其次，根据《英雄烈士保护法》第二十六条的规定，在承担民事责任之外，构成违反治安管理行为的，由公安机关依法给予治安管理处罚，即侵害英雄烈士名誉权需承担行政责任。

最后，根据《刑法》第二百九十九条之一的规定，若侵害英雄烈士名誉权，损害社会公共利益，情节严重的，还将依法承担刑事责任。

典藏之语

针对英雄烈士的不当言论，伤害的不仅仅是英雄烈士亲属，更是社会大众的感情。袁隆平院士的离世给国人、给世界带来了极大的悲痛，回想其为人民做出的贡献，也应当饱含感恩之心。国士不可辱！对于侵犯英雄烈士的行为，法律决不容忍。

（作者：徐芬芬）

可视门铃侵犯隐私　法院判决业主拆除

故事梗概

黄某与邵某为同一小区的业主，所在楼栋为南北向的前后幢，黄某楼栋在北向，邵某楼栋在南向，楼间隔为一条消防通道，距离仅 20 米。邵某的入户大门正对黄某楼栋南面及其卧室、客厅。

2020 年 1 月，黄某发现邵某在其入户门正中央安装了 360°

可视门铃。该可视门铃系广角镜头、可以长时间远程实时监控，导致黄某的家庭生活、个人隐私完全暴露在邵某的监控之下，给黄某一家带来巨大的安全隐患和精神损害，严重影响了正常的居家生活和身心健康。

自2020年4月起，黄某多次通过物业沟通协调，无果。黄某也曾报警处理，但邵某在拆除摄像头后又再次安装。为维护正当权利，黄某只能诉至法院，请求法院判令：邵某立即停止侵权行为，即拆除邵某入户门处的摄像头；邵某支付黄某为制止侵权行为支出的一切费用，共计3000元；邵某向黄某赔礼道歉并赔偿侵权行为给黄某造成的精神损害赔偿3000元。

法院判决

法院经审理认为，被告虽是在自有空间内安装可视门铃，但设备拍摄的范围超出其自有领域，拍摄到了原告的住宅。住宅具有私密性，是个人生活安宁的起点和基础，对于维护人格尊严和人格自由至关重要。可视门铃能通过人脸识别、后台操控双重模式启动拍摄，并可长时间录制视频并存储，加之原、被告长期近距离相处，都为辨认影像提供了可能，以此获取住宅内的私密信息和行为现实可行，原告的生活安宁确实受到侵扰。因此，被告的安装行为已侵害了原告的隐私权。被告辩称其没有侵犯原告隐私的主观意图，原告对此应予容忍等意见，于法无据，法院不予采纳。因无充分证据证明原告因被告的行为造成实际精神及物质损害，故法院支持了原告要求被告拆除可视门铃的诉讼请求，而对其赔礼道歉及赔偿损失的请求未予支持。

法条解读

新型信息技术的广泛应用确实为当今人们的生活带来了诸多便利，与此同时，因智能商品背后所依赖的信息共享化程度的深化，不可避免的大数据处理必然会触及隐私权保护界限的问题。随着监控设备技术的革新及人脸识别装置的引入，监控设施可以在监控视野范围内捕捉到更加精确、完整的录音录像内容。当这种智能监控安装不当时，极有可能侵犯居住在其附近居民的隐私权。

《民法典》第一千零三十二条第一款规定：“自然人享有隐私权。任何组织或者个人不得以刺探、侵扰、泄露、公开等方式侵害他人的隐私权。”隐私是自然人的私人生活安宁和不愿为他人知晓的私密空间、私密活动、私密信息。隐私权作为一项具体的人格权，其内涵主要包括两方面：一是私人生活安宁权；二是私人秘密不为他人知晓的权利。本案中所涉的可视门铃因邵某安装位置不当，其邻居黄某一家户内的一举一动均被该案涉门铃远程实时监控，此举显然侵犯了黄某一家的隐私空间及个人信息，对黄某及其家人的隐私确实构成了现实威胁。虽然邵某主观上并无侵犯黄某及其家人隐私的意图，但综合考虑案涉门铃的性能、安装位置及双方居住小区已有保障安全的相关措施等因素，在无改良安装方案的情况下，法院判定邵某在入户门上安装案涉门铃必要性不大是合乎情理的。

典藏之语

技术革新带来的人工智能发展，已然扩散至我们周边生活的所有领域，人们在享受特定时代技术成果的同时，难免会忽略其潜藏的侵权风险。虽然出于维护自身安全利益的正当目的，利用高科技监控设备无意地侵犯到他人的隐私空间的整体性，仍然不会受到法律的保护。由此可见，人工智能装置的使用同隐私权的享有发生冲突时，综合考虑人文立场及人格保护原则，法律对隐私权赋予了优先保护。

（作者：李丹娜）

侵犯艺人肖像权　被判道歉并赔偿

故事梗概

史某系我国知名影视演员。2021 年 12 月，史某获知，东莞市某智能科技有限公司（以下简称某公司）于 2020 年 7 月 23 日使用其官方认证的微信公众号发表《长相酷似 Angelababy，出道 16 年零绯闻的她，却在当红时嫁给了丑男！》一文。该文未经史某同意，擅自使用了其 23 张肖像图片。该微信公众号作为提供阅读服务的公众平台，在文中以史某私人生活为主要话题，并穿插史某的个人肖像，旨在利用史某的名人效应吸引受众浏览，进而提高微信公众号的阅读量和影响力，以达到推广宣传其品牌以及阅读服务的目的。同时，该微信公众号中“服务”—“热门书籍”为收费阅读平台，点击后导流至收费阅读平台，浏览者可直接在收费阅读平台进行充值。某公司发布的该文章推动了公众号阅读量的增加，进而扩大“服务”—“热门书籍”收费阅读平台的使用者数量，商业属性明显。因此，史某以某公司上述行为严重侵犯其肖像权为由，向法院提起了民事诉讼，要求判令某公司立即删除涉嫌侵权内容、停止侵权，并判令某公司在全国公开发行的报纸和某公司官方微信公众号上向史某公开赔礼道歉。

法院判决

法院经审理认为，自然人的肖像权受法律保护，未经本人同意，不得以营利为目的使用自然人的肖像。本案中，根据史某提交的证据及其身份材料，能够证明涉案图片与史某肖像的同一性。为展示公司形象，某公司在其官方微信公众号向用户推送各类信息，亦属于公司经营行为。根据已查明的事实，某公司在涉案微信公众号发布涉案文章，在经营活动中擅自使用史某的肖像，且涉案公众号具有推广业务等宣传内容，有利用明星肖像和相关信息扩大涉案公众号影响力的目的，构成了对史某肖像权的侵犯，应承担相应的侵权责任。

关于停止侵权的诉讼请求，经核实涉案文章均已删除，故对该项诉讼请求法院不予评述。史某要求某公司赔礼道歉的诉讼请求于法有据，应予以支持，但某公司赔礼道歉的方式应与其侵权的具体方式和所造成的影响范围相当，法院将综合考虑前述因素确定赔礼道歉的内容与方式。

关于经济损失，鉴于现有证据无法证明史某因侵权行为造成的实际损失与某公司使用涉案图片所获得的经济利益相关联，故法院将综合考虑史某的知名度、某公司的过错程度、涉案肖像被使用的数量、范围、用途、涉案公众号影响力及当前的市场因素酌情确定。故判决某公司于本判决生效之日起 10 日内在涉案微信公众号连续 3 日登载致歉声明，向史某赔礼道歉；某公司于本判决生效之日起 10 日内赔偿史某经济损失 9000 元。

某公司对上述判决不服，提起上诉。二审法院经审理查明，一审判决认定事实清楚，适用法律正确，故作出驳回上诉、维持原判的终审判决。

法条解读

我国《民法典》第一千零一十八条、第一千零一十九条明确规定了肖像权是应受到法律保护的法定权利。未经肖像权人同意，不得制作、使用、公开肖像权人的肖像，除非法律另有规定。

艺人的肖像权相比于普通自然人的肖像权，具有更高的商业性利益。普通自然人的肖像权更多体现在对其人格利益的保护上，而对于艺人的肖像权则集中体现在对其商业价值的维护上。所以，未经艺人本人同意，擅自使用、公开其肖像，意图利用名人效应来提升商品服务的知名度时，可认定前述行为属于商业行为，应定性为以营利为目的使用。因此，本案中，某公司未经史某本人同意，擅自使用其肖像，且涉案公众号主要目的在于推广业务，明显存在利用艺人肖像及相关信息扩大影响力的目的，因此某公司前述行为构成对该艺人肖像权的侵犯，应当承担相应侵权责任。《民法典》第一千条第一款规定，行为人因侵害人格权承担消除影响、恢复名誉、赔礼道歉等民事责任的，应当与行为的具体方式和造成的影响范围相当。另外，《民法典》第一千一百八十二条规定，侵害他人人身权益造成财产损失的，按照被侵权人因此受到的损失或者侵权人因此获得的利益赔偿；被侵权人因此受到的损失以及侵权人因此获得的利益难以确定，被侵权人和侵权人就赔偿数额协商不一致，向人民法院提起诉讼的，由人民法院根据实际情况确定赔偿数额。故本案中，史某提出某公司向其赔礼道歉的诉讼请求于法有据。关于经济损失方面，因史某遭受的实际损失及某公司因此获得的经济利益不便计算，故法院综合考虑名人知名度、某公司过错程度、涉案肖像被使用数量、范围、用途、涉案公众号影响力及当前市场因素酌情确定，合理合法。

典藏之语

肖像权以人格利益为核心内容，具有不可让渡性。艺人肖像权比普通自然人肖像权具有更高的商业价值，在面对公众利益时应采取适当的“克减”态度。未经名人本人同意，擅自使用、公开其肖像，且以营利为目的的，构成对该艺人肖像权的侵犯，被侵权人可依法要求侵权人承担消除影响、恢复名誉、赔礼道歉等民事责任，若造成财产损失，被侵权人亦有权要求侵权人予以赔偿。

（作者：李丹娜）

擅自取走死者骨灰盒应承担精神损害赔偿

故事梗概

沈某与刘某为夫妻关系，婚内育有子女二人沈某1、刘某1。双方于1962年离婚后，沈某1由其父沈某抚养，刘某1由其母刘某抚养。1966年8月26日，刘某与鲁某登记结婚，二人于1968年10月生育原告鲁某1。2015年1月30日，刘某去世，其女鲁某1为其办理了骨灰安放。2015年12月4日，沈某1从殡仪馆将刘某的骨灰盒取走。

2017年8月23日，山东省青岛市双山派出所出具的情况说明中载明，2015年12月8日10时37分许，鲁某1报警称，其已故母亲刘某的骨灰盒被其哥哥沈某1由青岛市殡仪馆通过另一个殡葬证取走。

鲁某1认为，其作为刘某的女儿长期与刘某共同生活，特别是在母亲刘某患病后，不仅贴身伺候还专门聘请居家保姆为母亲提供24小时的照看服务。在鲁某1、沈某1、刘某1三人中，鲁某1作为刘某再婚后所育子女更有权管理母亲的骨灰。父亲鲁某与母亲刘某共同生活近50年，双方生前一再叮嘱鲁某1要求死后将二人合葬。沈某1、刘某1擅自将母亲的骨灰从殡仪馆取走，有违公序良俗，有悖社会公德，严重侵害了鲁某1对死去母亲祭奠和悼念的权利，剥夺了鲁某1对生母骨灰处置的权利。鲁某1诉请法院要求沈某1、刘某1归还母亲刘某的骨灰及骨灰盒，支付精神损害抚慰金20万元。

法院判决

一审法院认为，民事主体从事民事活动，不得违反法律，不得违背公序良俗。本案中，骨灰承载了子女对母亲的感情寄托，也是子女进行追悼、哀思的情感载体。原被告三人均为刘某的子女，其按照亲缘关系应均等地享有对母亲进行追思、悼念的权利。被告沈某1已经于2015年12月4日将刘某骨灰取走，其无正当理由拒绝到庭参加诉讼，也拒绝透露刘某骨灰的下落。时隔多年，刘某的骨灰已经安葬存在较大的可能性，若再行挪动，必然会损害各血亲之间的情感，反而有悖公序良俗，且刘某的骨灰在何处依据目前原告提交的证据尚无法确定。故对原告主张的返还骨灰及骨灰盒的请求法院不予支持。但被告沈某1擅自取走骨灰并拒绝告知原告的行为在一定程度上侵犯了其他子女的祭奠、悼念权利，造成了原告的精神痛苦，法院考虑被告的过错程度及对原告所造成的精神损害后果，酌情判令被告沈某1支付原告鲁某1精神损害抚慰金2万元。

鲁某1不服判决，提起上诉。二审法院经审理，判决驳回上诉，维持原判。

法条解读

骨灰是死者生前人格价值的延续，凝结着逝者与亲属之间的情感，其作为特殊物质载体，具有特定的人格象征意义，故意或过失损害死者骨灰，侵害死者亲属对死者进行哀思、悼念的权利，造成死者家属精神损害的，依法应当承担精神损害赔偿责任。对此，《民法典》及司法解释规定如下：

《民法典》第九百九十四条规定，死者的姓名、肖像、名誉、荣誉、隐私、遗体等受到侵害的，其配偶、子女、父母有权依法请求行为人承担民事责任；死者没有配偶、子女且父母已经死亡的，其他近亲属有权依法请求行为人承担民事责任。

《民法典》第九百九十六条规定，因当事人一方的违约行为，损害对方人格权并造成严重精神损害，受损害方选择请求其承担违约责任的，不影响受损害方请求精神损害赔偿。

《民法典》第一千一百八十三条第二款规定，因故意或者重大过失侵害自然人具有人身意义的特定物造成严重精神损害的，被侵权人有权请求精神损害赔偿。

《最高人民法院关于确定民事侵权精神损害赔偿责任若干问题的解释》第三条规定，死者的姓名、肖像、名誉、荣誉、隐私、遗体、遗骨等受到侵害，其近亲属向人民法院提起诉讼请求精神损害赔偿的，人民法院应当依法予以支持。

典藏之语

在骨灰安置纠纷司法实践中，法院首先会尊重死者遗愿，其次尊重习惯但不得违背强制性法律规定及公序良俗，最后根据“最亲近原则”确定近亲属的权利顺位，擅自取走死者骨灰，侵犯他人祭奠权利的，需承担精神损害赔偿。

（作者：周仕帅）

PART 5

婚姻家庭编

彩礼还给你，嫁妆还给我

故事梗概

河南省某县已满27周岁的郭某一直未交过女朋友，父母便到处张罗着给儿子相亲。通过介绍，郭某认识了方某，方某迫于父母的压力，两人在认识3个月后便匆匆订立了婚约。结婚前，

郭某分四次给付方某彩礼共计 2 万余元，方某也在结婚登记前陪送了共计 1 万余元的结婚嫁妆。双方在相处半年后办理了结婚登记，并按农村风俗举行了结婚仪式。

婚后生活开启，但方某一直以各种借口拒绝同房。郭某多次沟通无果后，便向河南省某县人民法院提起离婚诉讼，同时要求方某返还收取的彩礼 2 万余元。方某则表示，虽然二人未曾有过夫妻生活，但自己是郭某明媒正娶的妻子，双方婚姻关系已经成立，因此，同意与其离婚，但不同意返还彩礼。

法院判决

法院查明，被告方某承认原告郭某在本案中所主张事实，故法院对原告主张予以确认。法院认为，婚姻关系以夫妻感情为基础。郭某和方某虽然办理了结婚登记手续，但并未共同生活，且夫妻双方感情确已破裂，夫妻关系已名存实亡。现双方均同意离婚，故对郭某的离婚诉求，法院予以支持。同时，郭某要求方某返还彩礼的主张，符合相关法律规定，法院亦予以支持。

最终，法院判决：（1）准予郭某和方某离婚；（2）方某在判决书生效后 10 日内返还郭某彩礼 2 万余元；（3）方某购置的结婚用品归其所有；（4）驳回郭某其他诉讼请求。

法条解读

彩礼与嫁妆的根本目的在于缔结婚约，若男女双方最终未能办理结婚登记，原则上女方应将彩礼返还男方。本案中，原被告虽然已经办理了结婚登记，但女方在婚姻关系存续期间一直未履行夫妻共同生活的法定同居义务，致使夫妻双方感情破裂，满足离婚条件。

《最高人民法院关于适用〈中华人民共和国民法典〉婚姻家庭编的解释（一）》第五条针对彩礼返还制度予以规定，在双方满足离婚条件的前提下，双方办理结婚登记手续但确未共同生活的，当事人可以请求法院判决依法返还按照习俗给付的彩礼。法院判决被告向原告返还彩礼于法有据、合乎情理。

关于女方陪送嫁妆离婚后如何处理问题，《民法典》第一千零六十三条规定："下列财产为夫妻一方的个人财产：（一）一方的婚前财产；（二）一方因受到人身损害获得的赔偿或者补偿；（三）遗嘱或者赠与合同中确定只归一方的财产；（四）一方专用的生活用品；（五）其他应当归一方的财产。"

《民法典》第一千零六十五条第一款中规定："男女双方可以约定婚姻关系存续期间所得的财产以及婚前财产归各自所有、

共同所有或者部分各自所有、部分共同所有。约定应当采用书面形式。”通俗来讲，若嫁妆陪送时间发生在结婚登记之前，一般认定是女方婚前个人财产，离婚时应归女方所有。若发生在结婚登记后，一般认定为夫妻共同财产。但基于尊重当事人意思自治的民法基本原则，当事人可以另作特别约定。本案中，被告系在婚姻登记前购置并陪送嫁妆，法院判决双方离婚后，原告归还被告嫁妆是合情合理的。

典藏之语

当前，离婚案件中彩礼返还纠纷日益增多。在充分尊重当事人双方事前约定和一致意见的前提下，基于有关法律法规、各地风俗习惯、是否生育、是否存在过错、彩礼支付金额、支付彩礼方家庭情况、双方感情稳定程度、同住时间长短、联系的频率和财产混合状况等因素的综合考量，妥善处理此类纠纷，有助于形成良好社会风尚，维护社会稳定。

（作者：李丹娜）

夫妻离婚后子女更名　能否一方说了算

故事梗概

2015年9月5日，刘峰与王丹生育一子，取名为刘晓航，并办理户籍登记。2016年10月25日，刘峰与王丹因感情问题协议离婚，双方约定儿子刘晓航由王丹抚养，并去民政局办理了离婚手续。

2020年4月18日，王丹向河北某派出所申请将其儿子刘晓航的姓名变更为王易泽，变更原因为随母姓。王丹提交各项证明材料后，河北某派出所审核通过，将刘晓航姓名变更为王易泽。刘峰知道后，诉至法院要求撤销河北某派出所作出的将刘晓航的户口登记姓名变更为王易泽的行政行为。

法院判决

法院认为：《民法典》第一千零一十五条规定，自然人应当随父姓或者母姓，至于随父姓的血缘传承，还是随母姓的血缘传承，则可以选择。《户口登记条例》第十八条第一项规定，未满18周岁的人需要变更姓名的时候，由本人或者父母、收养人向户口登记机关申请变更登记。该条例未对父母离婚后未成年子女变更姓名情形作出具体规定。河北省公安厅依据《中华人民共和国户口登记条例》，制定了《河北省公安机关户口登记管理工作规范》，就父母离婚后未成年子女变更姓名情形作出具体规定。《河北省公安机关户口登记管理工作规范》第六十五条规定：不具备完全民事行为能力的公民申请变更姓氏的，应由父母双方或法定监护人同意。对于父母离异的，应由实际抚养人同意。

本案中，王丹与刘峰协议离婚时约定，双方婚生之子由王丹抚养。王丹向河北某派出所为其子申请变更姓名时，明示了其离婚及双方婚生之子由其抚养的事实，河北某派出所依据《河北省公安机关户口登记管理工作规范》为王丹之子变更姓名，事实清楚、适用法律正确。最终，法院判决驳回刘峰的诉讼请求。

法条解读

夫妻离婚后，常有一方想更改未成年子女姓名。基于父母的共同亲权和法律对血缘关系下形成的社会伦理传统的尊重，《民法典》及相关法律法规对此规定如下：

《民法典》第一千零一十五条第一款规定："自然人应当随父姓或者母姓，但是有下列情形之一的，可以在父姓和母姓之外选取姓氏：（一）选取其他直系长辈血亲的姓氏；（二）因由法定扶养人以外的人扶养而选取扶养人姓氏；（三）有不违背公序良俗的其他正当理由。"

《最高人民法院关于适用〈中华人民共和国民法典〉婚姻家庭编的解释（一）》第五十九条规定："父母不得因子女变更姓氏而拒付子女抚养费。父或者母擅自将子女姓氏改为继母或继父姓氏而引起纠纷的，应当责令恢复原姓氏。"

公安部《关于父母离婚后子女姓名变更有关问题的批复》规定，"对于离婚双方未经协商或协商未达成一致意见而其中一方要求变更子女姓名的，公安机关可以拒绝受理；对一方因向公安机关隐瞒离婚事实，而取得子女姓名变更的，若另一方要求恢复子女原姓名且离婚双方协商不成，公安机关应予恢复"。

实践中，各地对父母单方能否更改未成年子女姓名规定不一。

例如：河北省规定实际抚养人可以单方更改未成年子女姓名；江西省、江苏省、福建省规定更改未成年子女姓名需经父母或监护人协商一致并且更改10周岁以上未成年子女姓名的还需经本人同意；浙江省规定更改8周岁以上未成年子女姓名的应征得本人同意。

典藏之语

姓氏体现着血缘传承、伦理秩序和文化传统。此类纠纷中，应以最有利于未成年人的健康成长为根本原则，要考虑变更姓名的行为是否会给未成年子女的日常生活和社会交往带来困难和窘迫，或者产生精神上的压力及身份认知上的困扰。一般而言，如果子女姓名变更时间较长，该姓名已成为子女学习、生活的重要组成部分，恢复原姓名不利于子女身心健康，则法院会酌情支持一方变更子女姓名的行为。

（作者：周仕帅）

离婚家务劳动补偿　维护婚姻公平稳定

故事梗概

全职带娃8年，因病被丈夫发“逐客令”。家务劳动，相夫教子，看不见的付出就该被无视吗？2021年2月5日，广东省某市某区法院就原告蒋某与被告赖某离婚财产纠纷一案予以受理，让我们一起看看究竟发生了什么？

蒋某与赖某相识于2010年，于2010年9月确立恋爱关系，而后登记结婚。婚后育有一子赖某某。蒋某为照顾老人及家庭，做起了全职太太。蒋某因生育落下病根，体质较差的她需经常就医，赖某及其父母却以省钱为由，拒绝带蒋某去医院治疗，最终导致其患上乙型肝炎。此后双方争吵不断，赖某将蒋某赶出家门，双方自此分居。

蒋某为照顾孩子及老人不曾参加过社会工作，无经济来源，且赖某自分居后也未向其提供任何经济支持，无奈之下，蒋某只得透支其持有的信用卡用于看病、孩子抚养支出及日常补贴家用。

2020 年 12 月，赖某将蒋某诉至法院，请求法院确认双方感情确已破裂，判决双方离婚。蒋某提出，其在双方婚姻关系存续期间，为照顾老人、抚养孩子，承担了全部家务劳动，在婚姻中付出了绝大部分时间和精力而未能参加社会工作，致使日后生活艰难，故蒋某诉请法院判令赖某向蒋某支付补偿费 6 万元。

法院判决

法院认为，赖某和蒋某结婚后，双方婚生子赖某某主要由蒋某照顾，蒋某在抚养子女及家务劳动中付出较多，且身患疾病。双方对经济补偿达不成协议。根据《民法典》第一千零八十八条的规定，赖某理应给付蒋某经济补偿。法院综合考虑当地经济发展与实际生活水平，从照顾妇女、儿童合法权益的角度，对蒋某主张的 6 万元经济补偿予以部分支持，酌情确定为 1 万元。

法条解读

婚姻中，对家庭的付出是无法用物化标准予以衡量的。离婚家务补偿是指离婚时受惠方对付出较多方的某种补偿，其补偿标准需综合考量受惠方从中所获利益及婚后的经济能力。

《民法典》第一千零八十八条规定："夫妻一方因抚育子女、照料老年人、协助另一方工作等负担较多义务的，离婚时有权向另一方请求补偿，另一方应当给予补偿。具体办法由双方协议；协议不成的，由人民法院判决。"故离婚家务补偿是以分割夫妻共同财产为前提，由一方个人财产或家庭财产对家务付出较多一方给予相应补偿。实务中，该补偿还需结合个案中夫妻共同财产属性来决定。

离婚家务补偿的立法本意在于促进公平，由婚姻中受惠方对付出较多方给予一定抚慰及损失填平。若双方能自愿达成家务补偿协议，则按照该协议进行处理。若协商不成，则由法院进行判决。相关具体标准，需综合考虑婚姻关系存续时间、男女双方工作性质和内容、生育及老人情况、离婚后双方经济状况等多重因素。

典藏之语

婚姻中付出的根本目的在于实现婚姻幸福、促进家庭稳定，无法从经济学角度对其予以基准计价。离婚家务补偿实则是对家庭付出的肯定和慰藉，旨在维护婚姻中的基本公平，也是变相鼓励人们为维护婚姻家庭的稳定而努力，其判定补偿标准仅以损益相当为原则，并非对受惠方的惩戒。以婚姻中受惠方个人财产或家庭财产对付出较多方进行家务补偿，有利于婚姻家庭里的勤勉、忠实价值的传承，亦有助于维护社会生活的稳定。

（作者：李丹娜）

婚前隐瞒重大疾病　法院判决撤销婚姻

故事梗概

2022年1月21日，黄某与封某经媒人介绍相识并建立婚约关系。2022年1月24日，黄某与封某举办订婚仪式，黄某将188000元彩礼和“三金”首饰给付封某及其父母。次日，黄某与封某办理了结婚登记。

2022年4月2日双方发生争吵，黄某发现封某情绪反应特别激烈，遂向封某父亲反映，封某父亲当日送药过来。黄某在网上搜索发现该药物是用来治疗精神疾病的。黄某经询问才知道，封某被之前同居男友殴打导致精神障碍，并多次到医院进行治疗。封某及其父母明知封某患有精神障碍，却对黄某故意隐瞒。黄某诉至法院，要求撤销双方婚姻关系，并要求封某及其父母归还彩礼。

法院判决

法院认为，夫妻一方患有重大疾病的，应当在结婚登记前如实告知另一方，未告知的，为可撤销婚姻，另一方可以向人民法院请求撤销。对于重大疾病的具体范围，《民法典》未作明确规定，一般参照《母婴保健法》第八条、第三十八条的规定。根据该法规定，精神疾病属于法定不宜结婚的重大疾病。

本案中，封某患有精神障碍多年，与黄某结婚登记前多次住院治疗。封某未尽如实告知义务，影响了黄某结婚的真实意思，且婚后的疾病状态影响了正常的家庭生活，故对黄某在法定期间内要求撤销与封某的婚姻关系的诉讼请求，法院予以支持。

黄某为与封某缔结婚约给付的彩礼及“三金”首饰，封某应该返还。关于彩礼返还的金额，法院综合多方考虑，最终判决：（1）撤销黄某与封某的婚姻关系；（2）封某及其父母于判决生效后 3 日内给付黄某彩礼 14 万元。

法条解读

为了保障婚姻关系中无过错当事人的信赖利益及合法权利，

《民法典》在总结原《婚姻法》及其司法解释的基础上完善了婚姻撤销制度，将结婚登记前未如实告知重大疾病作为撤销婚姻的情形，将隐瞒重大疾病作为婚姻的可撤销事由。《民法典》对可撤销婚姻的规定如下：

《民法典》第一千零五十二条规定：“因胁迫结婚的，受胁迫的一方可以向人民法院请求撤销婚姻。请求撤销婚姻的，应当自胁迫行为终止之日起一年内提出。被非法限制人身自由的当事人请求撤销婚姻的，应当自恢复人身自由之日起一年内提出。”

《民法典》第一千零五十三条规定：“一方患有重大疾病的，应当在结婚登记前如实告知另一方；不如实告知的，另一方可以向人民法院请求撤销婚姻。请求撤销婚姻的，应当自知道或者应当知道撤销事由之日起一年内提出。”

《民法典》第一千零五十四条规定：“无效的或者被撤销的婚姻自始没有法律约束力，当事人不具有夫妻的权利和义务。同居期间所得的财产，由当事人协议处理；协议不成的，由人民法院根据照顾无过错方的原则判决。对重婚导致的无效婚姻的财产处理，不得侵害合法婚姻当事人的财产权益。当事人所生的子女，适用本法关于父母子女的规定。婚姻无效或者被撤销的，无过错方有权请求损害赔偿。”

典藏之语

《民法典》将“疾病婚”从无效婚姻改为可撤销婚姻，体现了充分尊重当事人婚姻自主权的价值取向，将是否维持既存婚姻状态的决定权交给当事人。为了贯彻执行婚姻自由的基本原则，当患者个人隐私权与夫妻之间的知情权发生冲突，如一方患有重大疾病的事实足以对婚后的精神生活、物质生活等产生重大影响，足以动摇另一方决定结婚的自由意志，甚至导致另一方感染疾病而损害身体健康，配偶的知情权更应得到保护，《民法典》通过对婚姻双方知情权的保障更好地维护了婚姻自由和家庭稳定。

（作者：周仕帅）

养孩3年发现非亲生
欺诈方应当赔偿损失

故事梗概

李某和刘某于2014年经人介绍认识确立恋爱关系，2015年3月办理结婚登记，2015年11月生育一女，2019年6月生育一子。

刘某发现儿子系李某与他人所生，遂将李某告上法庭，要求离婚，李某返还抚养费及支付精神损失费。

法院判决

法院经审理认为，刘某和李某虽系自愿结婚，但婚后双方性格不合，且李某在婚姻存续期间与婚外异性生育一子，严重伤害了夫妻感情，违背了夫妻之间的忠实义务，致使夫妻感情彻底破裂，故准许双方离婚。

另外，经鉴定刘某并非儿子生物学意义上的父亲，李某在婚姻关系存续期间故意隐瞒实情，应由李某赔偿刘某精神损害抚慰金 10000 元，并返还抚养费 30000 元。

法条解读

在婚姻关系存续期间乃至离婚以后，妻子明知其在婚姻关系存续期间所生子女为非婚生子女，而采取欺诈手段称其为婚生子女，使丈夫承担对该子女的抚养义务，以上情况被学界定义为“欺诈性抚养”。该问题的发生往往衍生出被欺诈一方要求欺诈方赔偿抚养费及精神损失费的诉讼。

养孩3年发现非亲生　欺诈方应当赔偿损失

《民法典》第一千零四十三条第二款中规定，夫妻应当互相忠实、互相尊重。第一千零九十一条规定：“有下列情形之一，导致离婚的，无过错方有权请求损害赔偿……（五）有其他重大过错。”在出现欺诈性抚养的案件中，欺诈方明知子女与另一方（被欺诈方）没有血缘关系，仍使其相信是亲生子女而履行了抚养义务，明显违背了夫妻忠实义务。欺诈行为也确实导致了被欺诈方支出抚养费及最终受到精神损伤的事实，因此，支持欺诈一方向被欺诈方赔偿抚养费、精神损失费，符合法律规定，也符合情理。

在此类案件中，难点往往在于赔偿金额如何确定。关于抚养费的赔偿数额，原则上是以实际损失为标准，可以参考被欺诈者的收入水平、被抚养人日常开销数额，对于抚养时间长的，还需考虑历年收入水平的变化因素，或者参照当事人经常居住地统计局发布的历年人均消费性支出的统计数据，并结合被抚养人实际情况进行酌定，酌定的数额不应当低于全部抚养费用的1/2。关于精神损害抚慰金，根据《最高人民法院关于确定民事侵权精神损害赔偿责任若干问题的解释》第五条的规定，精神损害的赔偿数额应综合侵权人的过错程度、侵权行为的目的等具体情节、侵权行为所造成的后果、侵权人的获利情况、侵权人承担责任的经济能力、受理诉讼法院所在地的平均生活水平等因素予以确定。

典藏之语

抚养子女是父母的法定义务，但此等法定义务对应的父亲是基于血缘关系的亲生父亲或者养父、继父，承担抚养义务的一方均是基于对双方关系的充分认知而作出的自愿选择，而非在欺诈的情况下因陷入错误认知进行抚养。在欺诈性抚养关系中，被欺诈的父亲因陷入错误认识进行抚养，造成自身财产的直接减少，也因欺诈方的隐瞒行为受到极大的精神伤害。在此情况下，法院支持受欺诈方获赔抚养费及精神损失费，合情合理合法，有利于强化婚姻关系中的忠实义务，弘扬社会主义核心价值观。

（作者：徐芬芬）

分居期间拒付抚养费
法院判决应依法支付

故事梗概

李先生与魏女士于2010年10月26日登记结婚。2011年7月1日小花出生，由李先生与魏女士共同抚养。魏女士于2021年9月4日晚在家对小花及李先生说下楼给电动车充电后，至今未再出现。其间魏女士对小花不管不问，拒向小花支付抚养费。从2021年9月5日起小花一直由李先生抚养，因小花爷爷在2021年8月19日遭遇严重的交通事故，加上疫情等，李先生承受了非常大的生活压力。小花认为，其与魏女士为亲生母女关系，在小花不能独立生活之前，魏女士应承担起作为母亲的法定义务和责任。故将魏女士诉至法院，要求法院判决魏女士支付小花自2021年9月起李先生与魏女士分居期间的抚养费每月2000元，教育、医疗等重大支出由魏女士承担50%。

魏女士辩称：不同意小花的诉求，孩子不会花销这么多，而且其已经支付了小花的学费等费用，包括2021年9月交了6000元学费、2000元托管费，还有2021年9月到2022年9月的舞蹈课费4300元，以及给孩子购置衣物花费1000元。

法院判决

法院经审理认为，《最高人民法院关于适用〈中华人民共和国民法典〉婚姻家庭编的解释（一）》第四十二条规定："民法典第一千零六十七条所称'抚养费'，包括子女生活费、教育费、医疗费等费用。"第四十三条规定："婚姻关系存续期间，父母双方或者一方拒不履行抚养子女义务，未成年子女或者不能独立生活的成年子女请求支付抚养费的，人民法院应予支持。"本案中，小花系魏女士与李先生婚生女，魏女士与李先生婚姻关系存续期间分居生活，小花由其父李先生一人抚养。魏女士与李先生从2021年9月至2022年8月分居，应向小花支付12个月的抚养费。小花就读学校为民办小学，小花2021年下学期的学费6000元魏女士已经支付，2022年上学期的学费小花之父李先生已经支付，魏女士与李先生对小花2021年9月至2022年8月期间的学费已经各半负担。根据现有证据无法认定2022年8月后，李先生与魏女士持续分居状态的具体期限。故本案仅对小花 2021 年 9 月至 2022 年 8 月的抚养费进行处理。庭审中，小花之父李先生认为小花每月生活费在 1200 元到 1500 元之间。魏女士认为小花每月生活费不超过 1000 元。夫妻有共同抚养子女的义务，在生活中应互相扶助。结合本案实际，法院酌情判令魏女士按每月 1200 元的标准支付小花 2021 年 9 月至 2022 年 8 月的抚养费 14400 元。小花 2022 年 9 月以后的抚养费，小花有权另案主张。

法条解读

《民法典》第一千零五十八条规定，夫妻双方平等享有对未成年子女抚养、教育和保护的权利，共同承担对未成年子女抚养、教育和保护的义务。

《民法典》第一千零六十七条规定，父母不履行抚养义务的，未成年子女或者不能独立生活的成年子女，有要求父母给付抚养费的权利。成年子女不履行赡养义务的，缺乏劳动能力或者生活困难的父母，有要求成年子女给付赡养费的权利。

抚养费纠纷，一般常见于父母离婚纠纷或者离婚之后，而本案属于父母未离婚，未成年子女要求支付抚养费的情况。父母对未成年子女具有抚养、教育、保护的法定义务，该义务并不因父母婚姻关系的变化而改变。在婚姻关系存续期间，即使夫妻双方已经分居，但是抚养义务并不会因此受到影响，不直接和子女共同生活的一方仍然应当承担未成年子女的抚养费。抚养义务作为一项法定义务，父母是否与子女共同生活、父母是否离婚、父母有没有收入等，均不影响父母承担该义务。父母不履行该义务的，未成年子女有权起诉至法院要求给付抚养费。对此，相关司法解释亦有明确规定。《最高人民法院关于适用〈中华人民共和国民法典〉婚姻家庭编的解释（一）》第四十三条规定，婚姻关系存续期间，父母双方或者一方拒不履行抚养子女义务，未成年子女或者不能独立生活的成年子女请求支付抚养费的，人民法院应予支持。

典藏之语

《民法典》及其相关司法解释对未成年人抚养问题进行了详细的规定，父母对未成年子女的抚养义务是无条件的、强制性的，与父母双方是否离婚并无必然联系。我国法律并未规定离婚是主张未成年子女抚养费的前提条件，尽管父母双方没有离婚，如父母双方或者一方拒不履行抚养子女义务，未成年子女亦有权请求支付抚养费。无论父母双方的婚姻、感情状况如何，父母双方都应站在保护未成年人的角度，友好协商抚养事宜，积极承担自己对子女的抚养责任，护佑未成年人健康、快乐成长。

（作者：李婍婧）

监护人不尽职　可以依法变更

故事梗概

孙某成与江某（2006 年 12 月 25 日死亡）早年结为夫妻，婚后未生育子女。孙某成的弟弟孙某年有一女孙某亚。1980 年前后，经家中长辈商议，将孙某亚过继至孙某成名下，双方形成养父母关系。孙某亚在成年之前一直随自己亲生父母生活，待其恋爱结婚后亦未同孙某成共同生活，直至 2012 年离婚后，方搬至孙某成居住地生活。孙某亚在此处居住期间，并未曾照顾过孙某成。

孙某成的哥哥孙某明有一女孙某莉。多年来，孙某成生活起居、看病就医等均由孙某莉负责。2019 年 12 月 6 日，孙某成与孙某莉共同前往上海市某区公证处签订了意向监护协议，确定当孙某成不能辨识或不能完全辨识自己行为时，委托孙某莉为其监护人。2019 年 12 月 31 日，孙某成经司法鉴定科学研究院鉴定患有器质性精神障碍，被评定为限制民事行为能力人。

2020年1月6日，孙某成居住地房屋拆迁，其便搬离该处，与其外甥陶某强一家同住。在此期间，孙某亚从未看望过孙某成，不曾履行赡养义务，还对其恶语相向，屡次向其索要拆迁款，孙某成终日以泪洗面。

鉴于孙某亚从未对孙某成尽到赡养义务，且孙某成曾确认委托孙某莉为其监护人，2020年3月，孙某莉向人民法院提出申请，请求依法撤销孙某亚对孙某成的监护人资格，依法指定孙某莉担任孙某成的监护人。

法院判决

法院经审理认为，监护权对监护人来说，既是一种权利，也是一种义务。设立监护制度的目的是更好地保护被监护人的人身、财产及其他合法权益。认定监护人的监护能力，应考虑监护人的身体健康状况、经济条件、与被监护人在生活上的联系状况等因素综合确定。2020年4月2日，法院经鉴定判决宣告孙某成为限制民事行为能力人，并指定孙某亚为孙某成的监护人。后孙某莉于2020年5月11日表示，孙某亚未尽赡养义务，以孙某成曾确认孙某莉做监护人为由要求变更监护人。对此法院认为，首先，户籍登记信息显示，孙某亚为孙某成女儿，故孙某亚担任监护人的顺序理应先于孙某莉。但本案中各方均确认：自2020年1月6日房屋拆迁后，孙某成便搬离此处，并与陶某强一家同住，此后再未与孙某亚共同生活。其次，孙某成的钱款和证件等均由孙某莉及其父亲保管。此外，孙某成虽为限制民事行为能力人，但有一定的理解表达与认知能力，其在二次庭审与一次居住地调查中均一致表示不愿意让孙某亚担任监护人，同意孙某莉担任监护人，且态度始终十分坚决。综合上述情况，法院考虑到被监护人孙某成目前的实际状况和孙某亚在客观上无法再继续履行监护职责的情形，从有利于被监护人孙某成的角度出发，法院对孙某莉要求变更监护人的申请予以支持。

法条解读

《民法典》第三十三条规定："具有完全民事行为能力的成年人，可以与其近亲属、其他愿意担任监护人的个人或者组织事先协商，以书面形式确定自己的监护人，在自己丧失或者部分丧失民事行为能力时，由该监护人履行监护职责。"在实践中，存在当事人同他人签订了意定监护协议，同时有法定监护人的情况，这就涉及意定监护和法定监护之间效力顺位的问题。《民法典》第三十三条的规定并未直接明确意定监护与法定监护顺位关系，因此，还需要引入最有利于被监护人原则。

《民法典》第三十一条第二款规定，居民委员会、村民委员会、民政部门或者人民法院应当尊重被监护人的真实意愿，按照最有利于被监护人的原则在依法具有监护资格的人中指定监护人。当意定监护同法定监护发生冲突时，一般基于以下三个方面进行综合考量：一是被监护人的真实意思表示及最有利于被监护人原则；二是监护人同被监护人的生活情感联系密切程度以及监护职责的实际履行情况；三是具有监护资格的人的监护能力、监护意愿等因素，最终确认哪种监护效力具有顺位优先性。

典藏之语

意定监护作为一种相对较新的“协议养老”方式，被监护人在自己具有完全民事行为能力时，通过协议、合同、委托等方式确定自己的监护人，在其丧失或部分丧失民事行为能力后，由协议确定的监护人履行人身照顾、医疗救护、财产保护、权益维护、死亡丧葬等一系列责任。当意定监护与法定监护效力顺位存在争议时，应基于最有利于被监护人的原则确认最终监护人。

（作者：李丹娜）

养父母与成年养子女关系恶化可经一定的法律程序予以解除

故事梗概

徐某1与张某系夫妻关系，婚后未生育子女，于1988年收养徐某2。2019年8月14日，张某去世。徐某1称：自张某去世后其与徐某2关系恶化，二人于2020年多次因家庭纠纷诉至法院。徐某2不仅未尽到任何赡养义务，还一直觊觎其存款与房产，多次因财产问题与其争吵，导致其精神抑郁，无法面对徐某2。现二人毫无亲情可言，关系彻底恶化，无法共同生活。故起诉到法院要求解除收养关系并补偿收养期间的抚养费、教育费及解除收养关系后徐某1的生活费共计25万元。

徐某2称其自18岁参加工作以来都将工资交给张某，尽到了赡养义务。与徐某1关系恶化系因受徐某1法定监护人徐某3的挑拨，徐某3指使徐某1到法院进行各种诉讼。徐某1有生活能力，徐某2没有给付赡养费的理由。徐某2没有虐待、遗弃徐某1的行为，故应该维持收养关系。

法院判决

法院经审理认为，养父母与成年养子女关系恶化、无法共同生活的，可以协议解除收养关系。不能达成协议的，可以向人民法院起诉。本案中，双方均认可徐某1与徐某2存在事实上的收养关系，现徐某1坚决要求解除收养关系，根据查明的事实，徐某2在徐某1生病住院期间，屡次因金钱问题与徐某1发生争吵，在需要徐某2签字手术时，徐某2拒绝签字，也正因此而导致徐某1手术延后。作为徐某1之女，徐某2应当将徐某1的身体健康放在第一位，充分保护其人身权利，但徐某2却在徐某1住院手术签字这一重大事情上未尽到该责任。根据《民法典》关于收养关系的法律规定，养父母与成年养子女关系维系的感情基础及共同生活之可能是否存在应为判断双方关系是否应当解除的重要前提。依据本案已经查明的事实，徐某2自张某去世后与徐某1之间缺乏深入沟通和交流，亦因矛盾纠纷多次产生诉讼。本案审理期间，亦未见徐某2对维系和改善双方关系做出努力，故法院可以认定双方关系恶化，考虑到徐某2现已成年，有独立自主生活的能力，故对徐某1要求解除收养关系的诉讼请求，法院予以支持。收养关系解除后，经养父母抚养的成年养子女，对缺乏劳动能力又缺乏生活来源的养父母，应当给付生活费。因养子女成年后虐待、遗弃养父母而解除收养关系的，养父母可以要求养子女补偿收养期间支出的生活费和教育费。现徐某1并未提交证据证明徐某2存在虐待、遗弃徐某1的情况，故对于徐某1要求徐某2给付25万元抚养补偿费的诉讼请求，不予支持。

最终，法院判决：解除徐某1与徐某2之间的收养关系；驳回徐某1的其他诉讼请求。

法条解读

养父母和养子女的收养关系是一种法律拟制的亲属关系，此种关系可以通过法律行为依法设立，也可以经一定的法律程序予以解除，包括协议解除和诉讼解除两种方式。收养关系解除后，养子女与养父母以及其他近亲属间的权利义务关系自行消除。法院在审理此类案件时，在保护双方当事人的合法权利的基础上更加注重老年人的权益保护。法院通过审查证据和案件事实，准确认定双方关系是否达到应予解除的标准。对此，《民法典》规定如下：

养父母与成年养子女关系恶化　可经一定的法律程序予以解除

《民法典》第一千一百一十四条规定，收养人在被收养人成年以前，不得解除收养关系，但是收养人、送养人双方协议解除的除外。养子女8周岁以上的，应当征得本人同意。收养人不履行抚养义务，有虐待、遗弃等侵害未成年养子女合法权益行为的，送养人有权要求解除养父母与养子女间的收养关系。送养人、收养人不能达成解除收养关系协议的，可以向人民法院提起诉讼。

《民法典》第一千一百一十五条规定，养父母与成年养子女关系恶化、无法共同生活的，可以协议解除收养关系。不能达成协议的，可以向人民法院提起诉讼。

《民法典》第一千一百一十七条规定，收养关系解除后，养子女与养父母以及其他近亲属间的权利义务关系即行消除，与生父母以及其他近亲属间的权利义务关系自行恢复。但是，成年养子女与生父母以及其他近亲属间的权利义务关系是否恢复，可以协商确定。

《民法典》第一千一百一十八条规定，收养关系解除后，经养父母抚养的成年养子女，对缺乏劳动能力又缺乏生活来源的养父母，应当给付生活费。因养子女成年后虐待、遗弃养父母而解除收养关系的，养父母可以要求养子女补偿收养期间支出的抚养费。生父母要求解除收养关系的，养父母可以要求生父母适当补偿收养期间支出的抚养费；但是，因养父母虐待、遗弃养子女而解除收养关系的除外。

典藏之语

孩子是父母的血脉延续，亦是父母对未来美好生活的希望与寄托，但因各种因素影响，有人会选择收养孩子，以满足心理上、感情上的依托。法律确立的收养关系，不仅满足了人们为人父母的渴望，也给无家可归的孩子带来家庭的温暖。养父母与成年养子女关系恶化的原因有很多种，比如双方生活习惯不同、婆媳关系不和睦、子女不赡养养父母、财产纠纷等。父母养育儿女成人已不易，双方宜长存感怀之心，方得金玉满堂，切勿一时冲动扩大矛盾，导致多年感情最终形同陌路。

（作者：周仕帅）

严重侵害被监护人权益 法院依法撤销监护资格

故事梗概

王某国未婚未育，王某敏、王某光系其兄弟，王某琴系其妹妹，王某青与张某芳（已过世）系其父母。王某国患有精神分裂症，经上海市精神卫生中心司法鉴定所鉴定为无民事行为能力，并于2015年10月19日被人民法院宣告为无民事行为能力人。2016年1月7日，经王某国所在地的居民委员会指定，王某琴为其指定监护人。

2011年1月6日，王某青与张某芳前往上海某公证处，就尚某路房屋赠与王某琴事宜进行公证，赠与合同写明：尚某路房屋产权登记在王某青名下，为夫妻共同财产。王某青与张某芳自愿将该房屋产权赠与王某琴个人所有，王某琴保证王某国拥有该房屋居住、使用权至其终年。如上述房屋转让或被动迁，王某琴应负责安排王某国的居住。2015 年 10 月，王某琴以为王某国理财为名，私自将王某国存折改至其名下。2016 年 4 月 11 日，王某国名下的中国农业银行账户转入 22633.50 元，存款余额为 37849.42 元。2017 年 3 月 3 日，尚某路房屋产权由王某琴转移登记至案外人名下。

此后，王某敏、王某光以尚某路房屋有王某国份额，王某琴擅自处理上述房屋并将王某国名下存款转入自己账户的行为严重侵犯了王某国的合法权益为由，向法院提起诉讼，恳请撤销王某琴的监护人资格，并变更王某敏为王某国的监护人。

法院判决

法院认为，申请人王某敏、王某光请求撤销被申请人王某琴的监护人资格，该请求能否得到支持取决于王某琴是否未履行监护职责或者在履行监护职责过程中是否损害了王某国的合法权益。

对此，法院认为：其一，王某国系涉案 2005 年动迁补偿安置协议列明的 9 名安置对象之一，依法享有安置利益，且 2007 年 9 月签署的《动迁安置房产权登记申请书》中明确规定，王某国与其父母为尚某路房屋的产权共有人，该产权约定内容未损害王某国合法权益，合法有效。因此，王某国对尚某路房屋依法享有相应产权份额。其二，因王某国患有精神分裂症，多次住院治疗，病史长达 35 年，且自 2015 年 5 月起持续住院治疗，同年被宣告为无民事行为能力人。故 2011 年 11 月，王某琴将王某国带出医院到房地产登记处签署《上海市房地产登记申请书》自愿放弃尚某路房屋产权时，其显然处于发病住院治疗期间，放弃房屋产权属于特别重大的财产处分行为，上述行为的意思表示明显超出了王某国精神状态所能正确辨认并预见行为后果的范围，不具有法律效力。其三，王某青与张某芳通过赠与方式，将尚某路房屋登记至王某琴名下，已经侵犯了王某国的财产权利。而后王某琴将该房屋出售并占有全部售房款，此举严重侵犯王某国的财产，损害了其合法权益。

另外，关于王某琴保管王某国退休工资等经济收入情况，王某琴始终未能说明和证明王某国收入与现存余额系用于被监护人王某国的利益，且王某琴自认将部分款项用于高风险的理财投资及为父母看病治疗。王某琴上述行为显然与按照最有利于被监护人原则履行监护职责相悖。

故法院依法判决撤销被申请人王某琴担任被监护人王某国监护人资格，并按照最有利于被监护人的原则指定案外人王某强为新的监护人。

法条解读

为确保精神残疾人财产安全，保障其财产免受监护人的恶意处分，我国《民法典》第三十六条规定:“监护人有下列情形之一的，人民法院根据有关个人或者组织的申请，撤销其监护人资格，安排必要的临时监护措施，并按照最有利于被监护人的原则依法指定监护人：（一）实施严重损害被监护人身心健康的行为；（二）怠于履行监护职责，或者无法履行监护职责且拒绝将监护职责部分或者全部委托给他人，导致被监护人处于危困状态；（三）实施严重侵害被监护人合法权益的其他行为。本条规定的有关个人、组织包括：其他依法具有监护资格的人，居民委员会、村民委员会、学校、医疗机构、妇女联合会、残疾人联合会、未成年人保护组织、依法设立的老年人组织、民政部门等。前款规定的个人和民政部门以外的组织未及时向人民法院申请撤销监护人资格的，民政部门应当向人民法院申请。”因此，当监护人实施了严重侵害被监护人合法权益的行为时，人民法院可以根据有关个人或者组织申请，撤销监护人资格，安排必要的临时监护措施，并按照最有利于被监护人原则依法指定监护人。

本案中，王某琴的行为严重损害了王某国的合法权益，故法院依法判决撤销其监护人资格于法有据，合情合理。

典藏之语

监护是一种权利，但更体现为一种义务。从义务角度来看，监护人首先负有保护被监护人人身安全的义务，其次还负有管理被监护人合法财产的义务。特别是精神残疾人，因欠缺辨认和识别能力，其合法权益遭到监护人侵害的可能性相对更高。为充分保障被监护人合法利益免遭不应有的侵害，当监护人实施了严重侵害被监护人合法权益的行为时，《民法典》赋予有关个人或组织向法院申请撤销监护人资格的权利，以期最大限度地维护被监护人的合法权益。

（作者：李丹娜）

PART 6

继　承　编

法定继承和遗嘱继承的效力谁优先

故事梗概

大壮曾有过一段婚姻，因夫妻感情破裂而离婚。几年后，大壮与小美认识并登记结婚。再婚后，大壮购买了某市某小区房产一套。购房后不久，大壮不幸患癌。生病住院期间，大壮经公证

员公证，签署了遗嘱，将登记在其名下的房屋中属于他的份额全部留给妻子小美。几个月后，大壮病亡。

小美就涉案房产向某市不动产登记中心提出申请，提交了结婚证、某市死亡医学证明书、公证书等材料。同日，某市不动产登记中心作出不予受理通知书，告知小美，上述申请登记材料不符合规定，决定不予受理。小美不服，申请行政复议，后某市规划和自然资源局作出行政复议决定，维持了某市不动产登记中心作出的不予受理通知书。小美仍不服，诉至法院。

法院判决

撤销被告某市不动产登记中心作出的不予受理通知书；撤销被告某市规划和自然资源局作出的行政复议决定书。

宣判后，某市不动产登记中心和某市规划和自然资源局提出上诉。某市中级人民法院作出行政判决书，驳回上诉，维持原判。

法条解读

本案是原告基于某市不动产登记中心不予受理行为提出的行

政诉讼，最后法院依据行政法作出判决，但本案涉及的根本争议在于公民依法享有的继承权。对此《民法典》继承编作了相应的规定。

《民法典》第一千一百二十三条规定："继承开始后，按照法定继承办理；有遗嘱的，按照遗嘱继承或者遗赠办理；有遗赠扶养协议的，按照协议办理。"

《民法典》第一千一百三十三条第一款至第三款规定："自然人可以依照本法规定立遗嘱处分个人财产，并可以指定遗嘱执行人。自然人可以立遗嘱将个人财产指定由法定继承人中的一人或者数人继承。自然人可以立遗嘱将个人财产赠与国家、集体或者法定继承人以外的组织、个人。"

《民法典》第一千一百四十二条规定："遗嘱人可以撤回、变更自己所立的遗嘱。立遗嘱后，遗嘱人实施与遗嘱内容相反的民事法律行为的，视为对遗嘱相关内容的撤回。立有数份遗嘱，内容相抵触的，以最后的遗嘱为准。"

法定继承是指按照法律规定的继承人范围、继承顺序和遗产分配原则进行的继承。遗嘱继承是指按照被继承人生前所立遗嘱中指定的继承人继承其遗产所进行的继承。

遗嘱根据制定方式的不同分为公证遗嘱、自书遗嘱、代书遗嘱、打印遗嘱、录音录像遗嘱以及口头遗嘱。《民法典》虽然取消了公证遗嘱的优先效力，但是公证遗嘱在程序上相较于其他遗嘱更加严格，且有专门的机构为遗嘱人保存遗嘱。当遗嘱继承发生纠纷时，其他形式遗嘱的真实性需要法院通过相关辅助证据予以确认，而公证遗嘱本身具有推定遗嘱真实性的功能。

本案中，某市不动产登记中心仅作出“上述申请登记材料不符合规定，决定不予受理”这一结论，未载明具体的法律依据。根据《行政诉讼法》第三十四条第一款及相关司法解释的规定，该行为不符合依法行政原则的要求，属于法律适用错误。

小美系依据遗嘱继承涉案房产，某市不动产登记中心要求其提供包括所有继承人或受遗赠人放弃继承的声明等材料，模糊了遗嘱继承和法定继承的区别。并且，公证遗嘱具有较高的法律效力，在没有相反证据足以推翻公证遗嘱的情况下，应当认可公证遗嘱所公证的事实。

典藏之语

我国实行遗嘱继承优先于法定继承的原则。对于公民个人遗产的继承，如果财产所有权人生前立有遗嘱，只要该遗嘱是合法有效的，就必须按遗嘱继承，而不能按法定继承。房屋作为公民的安身立命之所，其相关权利的归属关系到老百姓的基本民生问题。依法对房屋进行不动产权利登记，是维护公民的居住权，实现社会秩序稳定的重要保障之一。

（作者：程阳）

代位继承有新规　侄甥也有继承权

故事梗概

苏某泉2018年3月29日死亡，其妻孔某早已离世，两人生前未生育子女，也未收养过子女。苏某泉亲姐姐苏某叶（早已离世）无亲生子女，但曾领养过一女儿苏某，故苏某系被继承人苏某泉唯一养外甥女。苏某辛是被继承人苏某泉的堂姐，其育有一子李某昌，李某昌育有一子李某源。被继承人苏某泉与李某源共同出资购买该案系争房产，并与其共同居住生活。

苏某泉生前未立遗嘱，也未立遗赠扶养协议。该案系争房产由李某源占有，苏某认为自己才是被继承人苏某泉遗产的法定继承人，因此苏某向法院提起诉讼，要求依法继承系争房屋中属于被继承人苏某泉的产权份额。

法院判决

法院认为：当事人一致确认苏某泉生前未立遗嘱，也未立遗赠扶养协议，故苏某泉的遗产应由其继承人按照法定继承办理。苏某系被继承人苏某泉亲姐姐苏某叶的养子女，在苏某叶先于苏某泉死亡且苏某泉的遗产无人继承又无人受遗赠的情况下，苏某有权作为苏某泉的法定继承人继承苏某泉遗产。另外，李某源与苏某泉共同居住，并长期照料苏某泉生活起居。相较于苏某，李某源对苏某泉尽到更多的扶养义务，故李某源作为继承人以外对被继承人扶养较多的人，可以分得多于苏某的适当遗产。法院根据有利于生产生活、便于执行的原则，判定苏某泉名下系争房屋归李某源所有，李某源向苏某给付相应财产折价款60万元。

法条解读

代位继承的重点在于“代”字，即代替已故上一辈参加继承。原《继承法》中代位继承人只包括“被继承人的子女的晚辈直系血亲”，如孙子代替父亲继承爷爷留下的遗产中属于父亲的份额。

《民法典》在此基础上新增了“被继承人的兄弟姐妹的子女”，扩大了代位继承人范围。

对于“被继承人的兄弟姐妹的子女”范围的认定，《民法典》第一千一百二十七条第三款解释为：“本编所称子女，包括婚生子女、非婚生子女、养子女和有扶养关系的继子女。”

《民法典》第一千一百一十一条第一款规定：“自收养关系成立之日起，养父母与养子女间的权利义务关系，适用本法关于父母子女关系的规定；养子女与养父母的近亲属间的权利义务关系，适用本法关于子女与父母的近亲属关系的规定。”故法律上将养子女的地位拟制与血亲相同。因此本案中，苏某虽然系被继承人苏某泉的养外甥女，但仍可适用代位继承的有关规定，可列为唯一法定继承人。

《民法典》第一千一百三十一条规定：“对继承人以外的依靠被继承人扶养的人，或者继承人以外的对被继承人扶养较多的人，可以分给适当的遗产。”本案中，相较于法定继承人苏某来说，李某源是被继承人苏某泉的继承人以外的对其扶养较多的人，故法院将遗产适当分于李某源。苏某虽为法定继承人，但未尽相应的扶养义务，因此李某源具体分配比例略高于苏某，此为法院的酌情判决。

典藏之语

侄甥代位继承系《民法典》新设立的制度，其立法目的在于让财产尽可能地由直系亲属继承，避免流于旁系或沦为无主财产。该制度有利于保障代位继承人对财富传承的合法期待，引导人们重视亲属亲情，减少家族矛盾、促进社会和谐。

此外，对于继承人以外对被继承人扶养较多的人，法院还可适用遗产酌给制度，体现了权利义务相一致原则，使尊老、敬老、爱老延伸至家族以外，大力弘扬孝亲敬老传统美德。

（作者：李丹娜）

打印遗嘱需谨慎　依法依规少纠纷

故事梗概

韩先生作为家中的小儿子，在父亲年老生病时一直在病榻前陪伴、照顾父亲。韩父生前立下遗嘱，将其名下的房屋指定由韩先生一人继承。但是这份遗嘱为电脑打印而成，一审法院认为不符合法定遗嘱形式，认定遗嘱无效，遂按照法定继承的方式将被继承人的遗产在韩父众多子女中进行分割。韩先生分得 24% 的份额，韩先生不服，提起上诉。

法院判决

二审法院受理后发现，该遗嘱是根据被继承人的要求打印而成，在被继承人签订遗嘱时有两名无利害关系的见证人在场见证。遗嘱全文仅有一页，被继承人及两名见证人均签字按印，落款处注明日期，并有录像予以佐证。

法院认为，韩先生提交的遗嘱符合《民法典》第一千一百三十六条关于打印遗嘱的规定，应为合法有效。二审法院对该案进行了改判，遵照打印遗嘱的内容对遗产进行处理，判决诉争房屋由韩先生一人继承。

法条解读

《民法典》继承编根据时代的发展，在原《继承法》规定的基础上，增加了遗嘱形式。现有六种遗嘱形式，即自书遗嘱、代书遗嘱、打印遗嘱、以录音录像形式立的遗嘱、口头遗嘱和公证遗嘱。

打印遗嘱规定在《民法典》第一千一百三十六条，即“打印遗嘱应当有两个以上见证人在场见证。遗嘱人和见证人应当在遗嘱每一页签名，注明年、月、日”。

本案中，一审法院判决时《民法典》尚未生效，打印遗嘱并非遗嘱的法定形式，故一审法院只能参照自书遗嘱或者代书遗嘱的规定进行认定，作出了遗嘱无效的判决。二审法院判决前，《民法典》已经生效，且《最高人民法院关于适用〈中华人民共和国民法典〉时间效力的若干规定》第十五条明确规定：“民法典施行前，遗嘱人以打印方式立的遗嘱，当事人对该遗嘱效力发生争议的，适用民法典第一千一百三十六条的规定，但是遗产已经在民法典施行前处理完毕的除外。”根据以上规定，二审法院依据打印遗嘱的规定，作出了遗嘱有效的判决。

订立打印遗嘱，应当注意下列问题：

1. 关于见证人的要求。首先，在人数上，见证人必须是二人以上，见证人可以是打印人，也可以不是打印人。其次，见证人必须在现场见证，且应全程参与订立遗嘱的过程、见证遗嘱的全套制作程序。

根据《民法典》第一千一百四十条的规定，无民事行为能力人、限制民事行为能力人以及其他不具有见证能力的人，继承人、受遗赠人，以及与继承人、受遗赠人有利害关系的人，均不能作为遗嘱见证人。

2. 关于签字和日期的要求。由于打印遗嘱无法体现书写笔迹的一致性，容易被删除、篡改，因此特别要求打印遗嘱应保证立遗嘱人与见证人在遗嘱每一页均签名并注明年、月、日，若仅在落款处签字或日期不完整又无其他证据补强，则不宜认为该遗嘱符合法定形式要件。

典藏之语

《民法典》新增打印遗嘱、录像遗嘱两种法定形式，是对时代需求的回应，更加广泛地保障了公民的合法权益。为了确保打印遗嘱的内容系当事人真实意愿的反映，《民法典》对打印遗嘱规定了更为严格的条件，故在订立打印遗嘱的过程中，各方务必严格依据法条规定，使打印遗嘱能够符合法律规定的要件，从而保障立遗嘱人的真实意思表示最终能被法院认可，减少相关继承纠纷的产生。

（作者：徐芬芬）

丧偶儿媳赡养公婆　可以继承遗产份额

故事梗概

周某生前育有子女五人，除长子、长女先于其死亡外，尚存次子周某1、三子周某2与次女周某3，刘某系其长子之妻。妻子过世后周某一直同长子及长媳刘某共同生活，并主要由其二人赡养和照

顾。长子去世后，周某仍随刘某及其家人共同生活，由刘某赡养和照顾。后周某因发生交通事故死亡，刘某主张应按照周某订立的遗嘱由其个人全部领取人力资源和社会保障部门发放的丧葬费和死亡抚恤金，但周某1、周某2、周某3不予认可且拒绝配合前往办理相关申领手续。双方就此无法协商达成一致，刘某遂诉至法院。

法院判决

法院经审理认为，本案案由虽系继承纠纷，但实则为被继承人死亡后人力资源和社会保障部门所发放丧葬费与死亡抚恤金的分割与处置。丧葬费是死者亲属为其办理安葬事务所支出的费用，而死亡抚恤金则是对于死者亲属的经济补偿与精神慰藉，这两笔款项无论是从发生时间还是事由来看，均不属于《民法典》第一千一百二十二条第一款所规定“遗产是自然人死亡时遗留的个人合法财产”的范畴，而应当作为全体继承人共有的财产来处理。故此，对其分割不能按照遗嘱继承进行，而应当参照法定继承办理。根据《民法典》第一千一百二十六条、第一千一百二十七条及第一千一百二十九条的规定，周某1、周某2、周某3系周某的子女，刘某系对其尽了主要赡养义务的丧偶儿媳，该四人均应作为第一顺序继承人，对本案所涉丧葬费与抚恤金享有分配权益。

同时，《民法典》第一千一百三十条第三款还规定，对被继承人尽了主要扶养义务或者与被继承人共同生活的继承人，分配遗产时，可以多分。结合各继承人对被继承人周某的赡养和照顾情况，本案酌情确定丧葬费与抚恤金的分配比例为：刘某分得 40%，周某 1、周某 2、周某 3 各分得 20%。

法条解读

《民法典》第一千一百二十九条规定，丧偶儿媳对公婆，丧偶女婿对岳父母，尽了主要赡养义务的，作为第一顺序继承人。第一千一百三十条第一款至第三款规定，同一顺序继承人继承遗产的份额，一般应当均等。对生活有特殊困难又缺乏劳动能力的继承人，分配遗产时，应当予以照顾。对被继承人尽了主要扶养义务或者与被继承人共同生活的继承人，分配遗产时，可以多分。

“尽了主要赡养义务”有着较为严格的认定标准，并非对被继承人进行了一定赡养就可以被认定为“尽了主要赡养义务”。认定是否“尽了主要赡养义务”，主要看是否为被继承人生活提供了主要经济来源或在生活、劳务方面给予主要扶助。其主要体现在：（1）是否和被继承人共同生活、主要负责被继承人日常生活照顾、陪伴；（2）是否在经济上对被继承人提供了主要的供养、扶助，如负责被继承人日常生活、就医乃至其他开销等；（3）对被继承人经济上的扶助、生活上的照顾、心理上的关心是否具有经常性、长期性和持续性。

本案中，刘某作为丧偶儿媳本不具备第一顺序继承人身份，但因其一直同周某共同生活并对周某尽了主要赡养义务，所以刘某作为丧偶儿媳获得第一顺序继承人的身份，还在继承时获得了较多份额。

典藏之语

《民法典》通过将对公婆尽了主要赡养义务的丧偶儿媳和对岳父母尽了主要赡养义务的丧偶女婿列入法定继承第一顺序继承人的范围，大力弘扬尊老、爱老、养老的优良传统的同时，发挥了家庭在社会中的职能作用，促进家庭团结、减轻社会负担，更为重要的是，充分体现了我国法律权利与义务相一致的原则。

（作者：李婍婧）

PART 7

侵权责任编

宠物可爱　饲养有责

故事梗概

2021 年 9 月 15 日，刘小美（5 岁）与其奶奶在回家途中，刘小美跑在前面，奶奶紧随其后。当刘小美跑到王乙拴狗的地方时，由于拴狗的绳子过长，大狗突然蹿出将刘小美咬伤。刘小美立即到医院住院治疗，15 天后出院。后经司法鉴定中心鉴定，刘小美的伤残程度为十级伤残。

刘小美的监护人认为，因王乙饲养的狗咬伤了刘小美，王乙应对刘小美承担全部赔偿责任。但王乙认为狗已经拴住了，是刘小美奶奶没有看好刘小美，不同意赔偿。双方无法协商一致，刘小美的监护人向人民法院提起诉讼，要求王乙赔偿。

法院判决

法院认为，王乙饲养的狗具有攻击性和危险性，王乙虽通过拴养的方式采取了一定的安全措施，但拴狗的绳子过长，仍存在安全隐患，王乙饲养的狗咬伤刘小美，王乙应当承担侵权责任。刘小美奶奶在明知事发地点养有具有攻击性的狗的情况下，放任年幼的刘小美跑在前面，没有尽到相应的监护责任，一审法院认定可以适当减轻王乙的赔偿责任。

最终，本案经过一审、二审，法院判决王乙承担 80% 的责任，赔偿刘小美医疗费、护理费、住院伙食补助费、交通费、鉴定费、残疾赔偿金、精神抚慰金等费用 2 万余元。

法条解读

近年来，随着生活水平的提高，饲养猫、狗等宠物的家庭越来越多。宠物丰富了人们的生活，给人们带来了精神慰藉，但宠物伤人、扰民、影响环境卫生，甚至引发交通事故等问题也层出不穷，因饲养动物引发的诉讼案件时有发生。对于饲养动物造成他人损害而引发的民事侵权责任问题，《民法典》在第七编第九章作出了详细规定。

《民法典》第一千二百四十五条规定："饲养的动物造成他人损害的，动物饲养人或者管理人应当承担侵权责任；但是，能够证明损害是因被侵权人故意或者重大过失造成的，可以不承担或者减轻责任。"

《民法典》第一千二百四十六条规定："违反管理规定，未对动物采取安全措施造成他人损害的，动物饲养人或者管理人应当承担侵权责任；但是，能够证明损害是因被侵权人故意造成的，可以减轻责任。"

《民法典》第一千二百四十七条规定："禁止饲养的烈性犬等危险动物造成他人损害的，动物饲养人或者管理人应当承担侵权责任。"

《民法典》第一千二百四十九条规定："遗弃、逃逸的动物在遗弃、逃逸期间造成他人损害的，由动物原饲养人或者管理人承担侵权责任。"

《民法典》第一千二百五十条规定："因第三人的过错致使动物造成他人损害的，被侵权人可以向动物饲养人或者管理人请求赔偿，也可以向第三人请求赔偿。动物饲养人或者管理人赔偿后，有权向第三人追偿。"

值得一提的是，除了家养宠物，家禽、家畜和动物园里的动物以及被驯化的野生动物，都是法律意义层面的“饲养动物”。饲养动物造成他人损害的，动物饲养人或者管理人都应当承担一定的侵权责任。

典藏之语

饲养动物应当遵守法律法规，尊重社会公德，依法文明饲养。饲养人或管理人应尽到管护责任，不得放任动物恐吓、伤害他人，干扰他人正常生活。受到动物侵害的受害人需要学会运用法律武器，依法维权、化解矛盾，共同构建和谐社会。

（作者：周仕帅）

牵狗绳不慎绊倒电动车 法院判赔伤者 20 余万元

故事梗概

2021年6月22日，在北京市朝阳区东坝南二街金驹家园北侧，年过六旬的齐某遛狗由西向东步行，樊某骑电动车由东向西行驶。齐某在遛狗过程中，牵狗绳将樊某驾驶的电动车绊倒，导致车辆

损坏，驾驶员樊某受伤。经诊断，樊某构成右肘关节活动轻度受限，属十级伤残。当日，经北京市公安局公安交通管理局朝阳交通支队机场大队出具道路事故认定书认定，齐某存在妨碍道路交通安全等违法行为，故齐某应负全部责任。而后，因双方就赔偿问题无法达成一致，樊某将齐某诉至法院，要求齐某承担损害赔偿责任。

法院判决

法院经审理认为，齐某在遛狗过程中，牵狗绳将樊某驾驶电动车绊倒，经事故认定齐某负全责。虽然齐某对责任认定存在异议，但齐某未提起复核，亦未提交其他反证，故各方对交管部门作出的事故认定书均应遵照执行，齐某应对樊某因本次事故产生的损失承担赔偿责任。因此，法院判决齐某支付樊某住院伙食补助费、营养费、护理费、误工费、残疾赔偿金、精神损害抚慰金、交通费共计 20.8 万余元。

法条解读

《民法典》第一千二百四十六条规定，违反管理规定，未对动物采取安全措施造成他人损害的，动物饲养人或者管理人应当承担侵权责任；但是，能够证明损害是因被侵权人故意造成的，可以减轻责任。

《民法典》第一千二百四十七条规定，禁止饲养的烈性犬等危险动物造成他人损害的，动物饲养人或者管理人应当承担侵权责任。

为规范饲养动物行为，保护他人合法权益，维护正常生活秩序，法律法规对饲养动物作了相对丰富和完备的规定。上述法条中所谓的“管理规定”，泛指以民法和行政法名义在国家层面和地方层面颁布的关于饲养动物的各类法律法规的总称，如北京市人大常委会制定颁布的《北京市养犬管理规定》，即为针对饲养动物而出台的地方性法规。

在饲养动物中，饲养犬类最易产生法律纠纷。从犬类饲养的相关管理规定可知，通常情况下，饲养人负有日常管理义务和饲养动物危险预防义务；日常管理义务主要指办证、缴费、年检、注销、过户等行政法上的义务。饲养动物危险预防义务主要包括定期给动物进行防疫处理，不得将所饲养动物带入公共场所、乘坐公共交通工具，不得在居民区等饲养烈性、大型动物，不得虐待、遗弃被饲养动物及携带动物出户时须采取必要约束措施等内容。所以，违反饲养动物危险预防义务与饲养动物侵权密切相关。

“未对动物采取安全措施造成他人损害”，是指饲养人未按照饲养动物的管理规定采取及时有效的安全措施，履行对动物的监督作为义务。本案中，齐某虽然按照《北京市养犬管理规定》的要求，遛狗时为宠物狗佩戴了牵狗绳，但未能对其宠物狗进行有效的安全约束，且牵狗绳将路过的电动车绊倒，并导致车辆损坏及驾驶员受伤，符合“未对动物采取安全措施造成他人损害”的情形，齐某应当承担相应侵权责任。

《民法典》第一千一百七十九条规定，侵害他人造成人身损害的，应当赔偿医疗费、护理费、交通费、营养费、住院伙食补助费等为治疗和康复支出的合理费用，以及因误工减少的收入。造成残疾的，还应当赔偿辅助器具费和残疾赔偿金；造成死亡的，还应当赔偿丧葬费和死亡赔偿金。

《民法典》第一千一百八十三条第一款规定，侵害自然人人身权益造成严重精神损害的，被侵权人有权请求精神损害赔偿。

根据上述法条，受害人可基于其因饲养动物所遭受的损害，向饲养人或管理人主张上述各项损害赔偿。此外，饲养人或管理人饲养的动物造成受害人严重精神损害的，受害人可依法请求精神损害赔偿。

典藏之语

近年来，饲养动物责任纠纷案件呈现多发态势，主要原因是饲养人违法饲养及未尽到安全防护义务。只要被侵权人有证据证明饲养人或者管理人违反了管理规定并制造了法所禁止的风险，便足以认定饲养人或者管理人未对动物采取必要安全防护措施。因此，大家在享受饲养宠物的乐趣之余，还应注意以下三点：

第一，饲养动物应当严格遵守相关管理规定，不得在居民区饲养烈性、大型动物。

第二，饲养常见的宠物犬时，饲养人或管理人在将其带入公共区域时，应佩戴犬链，并由成年饲养人牵领。

第三，饲养人或管理人还要遵守交通法规，对饲养宠物采取其他必要的安全防护措施，避免宠物在马路上乱跑，影响其他人的出行安全。

（作者：李丹娜）

吵架“气死人”需要担责吗

故事梗概

李大爷和张大爷在牌局上发生了口角，后经同村人劝解后，张大爷离开。

回到家后，张大爷越想越生气，就返回牌局，继续与李大爷争吵。双方推搡起来，李大爷言语越发激烈，甚至揭起张大爷年轻时的老底儿。张大爷气得脸色通红，激动得开始抽搐，犯了心脏病的老毛病，最终因抢救无效死亡。

张大爷家属认为李大爷应当对张大爷的死亡承担赔偿责任，遂起诉到法院。

法院判决

法院认为，李大爷对张大爷患有心脏病的情况并不知晓，但是他应当认识到与张大爷发生口角、互相推搡的行为加大了张大爷突发疾病的可能性，李大爷没有尽到一般人的审慎注意义务，放任了损害结果的发生，应当认定为李大爷有过错，需要承担相应的民事侵权损害赔偿责任。

但是，张大爷明知道自己的心脏病史，仍然与李大爷发生争执，且在众人劝解回家后，又回去争吵，自身存在重大过错，可以适当减轻李大爷的侵权责任。法院判决张大爷负 90% 的责任，李大爷承担 10% 的赔偿责任。

法条解读

吵架导致一方猝死的案件，一般根据行为人的主观心理、客观行为表现、死亡结果和吵架的因果关系等因素综合判断。总体来说，可以将“气死人”的行为分为以下几种情形分别进行讨论。

第一种情形，行为人主观有恶意，明知对方有生理疾病，存在被“气死”的可能性，还在主观上积极追求或者放任结果的发生。这样的“气死人”很可能因触犯刑法而承担刑事责任。

第二种情形，行为人主观无恶意，但客观行为不当，即行为人主观上没有故意追求“气死”对方的目的，事先也不了解对方是否有生理疾病，但言语粗暴、激烈，说话明显过激，一般理性人听到这样的言语都会感受到严重的冒犯。这样的“气死人”很可能因侵权而承担民事赔偿责任。

第三种情形，行为人主观上没有追求“气死人”的故意，客观上也没有“气死人”的过激行为，但如果还是因双方争执发生了“气死人”的后果，当事人有可能会基于公平原则而承担一定的补偿责任。对于这一情况，司法实践中判例不一致，行为人是否承担责任需要根据个案情况而定。

《民法典》第一千一百六十五条规定：“行为人因过错侵害他人民事权益造成损害的，应当承担侵权责任。依照法律规定推定行为人有过错，其不能证明自己没有过错的，应当承担侵权责任。”

《民法典》第一千一百七十三条规定：“被侵权人对同一损害的发生或者扩大有过错的，可以减轻侵权人的责任。”

《民法典》第一千一百七十九条规定：“侵害他人造成人身损害的，应当赔偿医疗费、护理费、交通费、营养费、住院伙食补助费等为治疗和康复支出的合理费用，以及因误工减少的收入。造成残疾的，还应当赔偿辅助器具费和残疾赔偿金；造成死亡的，还应当赔偿丧葬费和死亡赔偿金。”

典藏之语

俗话说，君子动口不动手，但“动口”也需把握分寸和尺度。矛盾和误解在生活中很常见，但如果控制不住脾气，言语不当，出口伤人，甚至出现“气死人”的可怕后果，则很有可能需要根据过错程度承担相应的法律责任。

万事以和为贵，切勿为了逞一时口舌之快而致一世伤心之悔。

（作者：徐芬芬）

林木折断致人损害　管理者应承担责任

故事梗概

2021年7月6日傍晚，李某在回家途中经过新城区幸福南路时，被路边绿化带上突然倾倒的枯树砸伤。事故发生后，李某被送到陕西省第四人民医院治疗，被诊断为：开放性颅脑损伤、右侧颞骨骨折、脑脊液耳漏、双侧额叶区脑挫裂伤、颅内血肿；闭合性胸部损伤、肋骨骨折；颈部、左前臂多处擦伤、全身多处软组织损伤；右侧感音神经性耳聋（全聋）；良性阵发性位置性眩晕（右后管石症）。李某于2021年8月3日出院，共住院28天。

同日，李某入住该院耳鼻喉科，入院诊断为右侧混合型耳聋（全聋），于2021年8月7日出院，共住院4天。出院医嘱：避免接触噪声，保证充足睡眠，勿劳累，放松心情；院外继续口服甲钴安、倍他司汀片，疗程两周；不适随诊。

李某认为，新城区绿化队作为绿化带树木的管理人，应对本次事故导致的各项损失承担赔偿责任，故诉至法院，要求新城区绿化队支付医疗费 32687.67 元（被告已支付 19000 元）、营养费 2700 元、误工费 12105 元、护理费 15951 元、检查费 318 元、住院伙食补助费 3200 元、残疾赔偿金 154709.4 元、精神抚慰金 10000 元、交通费 800 元。

法院判决

法院认为，绿化带上的树木造成他人损害，管理人不能证明尽到管理职责的，应当承担侵权责任。本案中，结合已查明的事实，作为涉案树木的所有者、使用者及管理者的被告虽每日对涉案树木巡检，但并未发现安全隐患，大风使树木倾倒砸伤原告，其在管理和维护上存在疏漏和瑕疵，存在过错。被告的上述过错与原告的损害后果之间存在因果关系，故被告应当对原告的损害事实承担侵权责任，对原告因本次事故产生的各项合理损失承担赔偿责任。

原告主张的医药费，根据原告提供的票据认定为 31224.66 元，但应扣除被告垫付的部分。原告主张的护理费，因原告未提交相关发票，故根据鉴定意见确定为 10800 元。关于误工费，因事发时原告已经达到退休年龄，故原告的该主张于法无据，法院不予支持。原告主张的营养费，根据鉴定意见按每日 30 元计算 90 天为 2700 元。原告主张的住院伙食补助费，按每日 100 元计算 32 天为 3200 元。关于交通费，原告未提交相应的证据予以证明，根据原告及其必要的陪护人员因就医或转院治疗实际发生的费用计算，酌定为 200 元。关于残疾赔偿金，法院根据事故发生时陕西省城镇居民人均可支配收入及鉴定意见确定为 154709.4 元。原告主张的检查费，根据票据确定为 318 元。原告主张的精神抚慰金，根据原告的伤残等级确定为 2000 元。原告主张的鉴定费，根据鉴定费票据确定为 1560 元。

法院判决：（1）被告新城区绿化队于本判决生效之日起 10 日内赔偿原告李某因本次事故而产生的医药费 12224.66 元、住院伙食补助费 3200 元、护理费 10800 元、营养费 2700 元、残疾赔偿金 154709.4 元、交通费 200 元、精神损失赔偿金 2000 元、检查费 318 元、鉴定费 1560 元，共计 187712.06 元（已扣除被告垫付的 19000 元）。（2）驳回原告李某的其他诉讼请求。

法条解读

林木损害责任，是指林木折断、倾倒或者果实坠落等致使他人人身、财产权益遭受损害，林木的所有人或者管理人所应承担的侵权责任。其特点是：（1）林木折断应作扩大解释，包括林木的枝条、果实等。（2）林木的所有人或者管理人并未实施积极的加害行为，而是其未尽合理的管理、维护义务，导致发生了林木折断、倾倒或者果实坠落并致人损害的结果。（3）赔偿责任主体具有多样性。林木的所有人、管理人包括国家、集体和个人，如公共道路两旁的林木，通常属国家所有，因此其致损的赔偿责任主体往往是具有管理职责的国家机关或者事业单位。对此，《民法典》第一千二百五十七条规定："因林木折断、倾倒或者果实坠落等造成他人损害，林木的所有人或者管理人不能证明自己没有过错的，应当承担侵权责任。"

典藏之语

目前，城市公共道路、绿化带、农村房前屋后均栽种了各种树木，为生活增添了一抹绿色。在享受美好的同时，法律要求林木的所有人、管理人尽到管理职责。若对林木疏于管理，容易出现枯树倒塌，树枝、果实坠落等伤及他人人身、财产的情况。因此，林木的所有人、管理人需定期对林木进行虫害治理、裁剪枯枝、加固或移除倾斜的树木等管理、维护，避免造成他人人身财产损害。

（作者：周仕帅）

一根烟头引火灾　高空抛物要担责

故事梗概

2021 年 8 月 13 日 14 时，某小区物业工作人员巡查过程中发现该小区业主彭某房屋阳台失火，当时彭某房中无人，工作人员遂拨打 119 电话报警并通知彭某。消防救援支队赶到现场将火扑

灾。经过调查，此次事故起火源头位于彭某房屋阳台西侧方向，系外来火源（烟头）引燃可燃物导致火灾。

根据房屋使用状况和房屋具体建筑构造情况，彭某楼上 501 号房、601 号房抛掷火源可能性较大。501 号房业主系李某、601 号房业主系王某，事故发生时，王某已将该房屋出租给孙某使用。

经鉴定，彭某此次失火财产损失金额为 12000 元。此后，彭某将 501 号房、601 号房业主诉至法院。

法院判决

法院认为：因房屋阳台发生火灾，彭某财产受损，经调查难以确定具体侵权人。根据公安消防部门的现场查勘，火灾系外来火源引发，根据查明的房屋使用状况和房屋具体建筑构造情况，501 号房、601 号房具有抛掷火源的高度可能性，其使用人应认定为本案可能加害人。

李某作为 501 号房业主及使用人，未举证证明自身非侵权人，依法应承担相应补偿责任，法院判定李某承担 6000 元补偿责任。王某虽系 601 号房业主，但其举证证明事发时已将该房屋出租给孙某使用。孙某作为事发时 601 号房承租人，未举证证明自身非侵权人，依法应承担相应补偿责任，法院判定孙某承担 6000 元补偿责任。

法条解读

《民法典》第一千二百五十四条明确规定，高空抛物的责任主体首先应为侵权人。在侵权人无法明确时，可能加害的建筑物使用人应当承担举证责任，举证证明自己不是侵权人。可能加害的建筑物使用人可从事发时家中无人、家中无此种物品、其他客观原因不可能进行抛掷等方面进行举证。若可能加害的建筑物使用人无法完成举证，则其应向被侵权人给予补偿。可能加害的建筑物使用人补偿后，若后续得以查明侵权人为何人，已承担补偿责任的建筑物使用人有权向侵权人追偿。

同时《民法典》还规定，采取必要的安全保障措施避免高空抛物事件发生是物业服务企业等建筑物管理人的法定义务。物业服务企业等建筑物管理人未采取必要的安全保障措施的，亦有可能成为高空抛物的侵权责任主体。这一规定对物业服务企业的服务水平、管理能力提出了新的要求。针对高空抛物责任主体难以确定的特点，《民法典》强调公安机关等部门应当依法及时调查，查清责任人。公安机关介入高空抛物事件的调查，可以有效帮助被侵权人确定侵权主体。在发生高空抛物后，被侵权人应当及时报警，由公安机关介入，第一时间进行调查，以确定相关责任主体。

典藏之语

高空抛物不仅是不文明行为，更是法律明文禁止的违法行为。高空抛物者，需承担民事侵权责任，构成刑事犯罪的，依法应追究刑事责任。守护“头顶安全”，共建和谐家园，需要每一位公民充分认识到高空抛物行为的社会危害性，加强自我约束，也需要物业服务企业强化管理，加大宣传。

（作者：张晔瑶）

自愿参与文体活动　意外受伤由谁担责

故事梗概

2020 年 4 月 28 日，宋先生、周先生与案外四人在北京市朝阳区红领巾公园内露天场地进行羽毛球 3 对 3 比赛。比赛中，宋先生被周先生扣杀过来的球击中了右眼。

事发后，宋先生三次去医院就诊，诊断结果为右眼外伤性人工晶状体脱位，右眼最佳矫正视力为 0.05，接近失明。

宋先生认为，周先生明知其年纪大、反应慢、眼睛受过伤，仍未履行注意义务，选择向其大力扣球，致使其右眼受伤，接近失明，构成重大过失。退一步讲，即使周先生行为不构成重大过失，也应适用公平责任，由双方分担损失。

基于上述理由，宋先生诉至法院，请求判令周先生赔偿医疗费、护理费、住院伙食补助费等各项费用共计 8570.73 元。

法院判决

法院认为：羽毛球运动是典型的对抗性体育运动项目，除扭伤、拉伤等风险外，较为突出的风险即为参赛者容易被羽毛球击中。依照《民法典》的相关规定，原告宋先生构成“自甘冒险”，被告周先生不存在故意或重大过失，是无须承担责任的。并且，由于本案属于《民法典》明确规定的自甘冒险情形，不适用公平责任分担损失。最终，一审法院作出了驳回原告宋先生诉讼请求的判决。

此后，宋先生依法提起上诉。二审法院认为一审法院认定本案符合自甘冒险原则并判决驳回宋先生的诉请并无不当，裁定维持原判。

法条解读

在《民法典》实施之前，出现体育活动中受到损害的情况，法院往往依据过错责任原则或公平原则让体育活动参加者承担一定经济责任。《民法典》新增“自甘冒险”条款，且严格限定了自甘冒险规则的适用情形，这一条款的确立，对于司法裁判尺度的统一以及文体活动的健康发展都具有积极意义。

《民法典》第一千一百七十六条第一款规定，自愿参加具有一定风险的文体活动，因其他参加者的行为受到损害的，受害人不得请求其他参加者承担侵权责任；但是，其他参加者对损害的发生有故意或者重大过失的除外。

传统上，自甘冒险的适用领域十分广泛，凡是受害人自愿进入一个危险状态，而后因危险现实化而遭受损害的，均属于自甘冒险。但《民法典》明确将自甘冒险的适用范围严格限定在具有一定风险的文体活动中。

另外，适用自甘冒险原则时，受害者要加入到这种风险活动中，且必须是自愿参加该活动。现实中，文体活动的参加者绝大多数是自愿的，但理论上不排除有受欺诈或胁迫的可能。

值得注意的是，自甘冒险原则并不排斥对于违反安全保障义务的活动组织者适用《民法典》第一千一百九十八条至第一千二百零一条的规定追究其责任。在活动组织者未尽安全保障义务时，按照以上规定，活动组织者须承担相应的补充责任。

典藏之语

上述案例是《民法典》施行后，首例适用《民法典》第一千一百七十六条“自甘冒险”规定作出判决的案件。《民法典》确立“自甘冒险”规则，既统一了思想认识，也统一了裁判尺度。本案审理法院结合具体案情，适用“自甘冒险”规则，明确判决对损害发生无故意、无重大过失的文体活动参加者不承担赔偿责任，亮明了拒绝“和稀泥”的司法态度，宣示了冒险者须对自己行为负责的规则，不仅弘扬了社会主义核心价值观，促进了文体活动的健康有序发展，也为《民法典》新规则的实施提供了有益的司法经验。

（作者：徐芬芬）

未尽到安全保障义务
学校应承担赔偿责任

故事梗概

庄某某自2021年7月19日开始在浙江省台州市笑眯眯幼儿园（以下简称笑眯眯幼儿园）上暑托班。8月6日，庄某某在上学期间与同学陈某手举块状教具玩耍时，教具从陈某手中不慎掉落砸伤了庄某某。事故发生时，老师未对庄某某及陈某进行在场指导，后经小朋友告知后才发现庄某某受伤。庄某某受伤后先后被送往台州市中心医院、台州市中医院、台州市妇女儿童医院进行检查治疗，经医生诊断为指骨骨折，并为此花费了医疗费。

2021年8月16日，台州市中医院医生建议庄某某休息1个月。笑眯眯幼儿园于2021年8月9日退回了庄某某学费3300元。庄某某的监护人诉至法院，要求笑眯眯幼儿园赔偿医疗费211.41元、培训班旷课费1790元、营养费及护理费7808元、精神损害抚慰金 5000 元，合计 14809.41 元。

法院判决

法院认为，原告在笑眯眯幼儿园上学期间被块状教具砸伤了手指。通过教室监控视频发现，事故发生时，老师未对原告及陈某所属组别小朋友进行在场指导，且在事故发生后经小朋友报告才发现原告受伤，未尽到教育、管理职责，故被告应承担侵权责任。被告辩称涉案教具经检测为合格产品，但并不影响该教具所具有的物理属性能伤人的事实认定。被告辩称对原告玩耍教具的行为已进行了多次制止，已尽到了管理职责，但未能举证证明，故法院对该辩称不予采信。

原告的具体损失情况分析如下：（1）医疗费。原告主张 211.41 元，被告予以认可，故法院予以确定。被告辩称垫付的 144.45 元，其在庭审中明确未包含在上述费用中，应由其自行承担。（2）培训班旷课费。原告主张 1790 元，被告不予认可。原告提供的三份证明均涉及第三人，真实性无法确定，法院对其该部分主张不予支持。（3）营养费及护理费。原告主张 7808 元，被告不予认可。原告未能提供其受伤后需加强营养以及陪护的相关医嘱，法院对该部分主张不予支持。（4）精神损害抚慰金。

原告主张5000元，被告不予认可。原告因涉案事故受伤致指骨骨折，考虑到原告年幼可能致亲属一定的精神损害，故法院酌情确定1500元。上述各项合理损失共计1711.41元，被告应予以赔偿。

最终，法院判决：（1）被告笑眯眯幼儿园于本判决生效后10日内赔偿原告庄某某各项经济损失1711.41元。（2）驳回原告庄某某的其他诉讼请求。

法条解读

学校是未成年人成长的重要场所，是他们全面发展、健康成长不可或缺的重要一环。学校在教育过程中应尽到安全保障义务，包括告知义务、教育义务、组织义务、危险管理义务、保护义务。对此，《民法典》规定如下：

《民法典》第一千一百九十九条规定：无民事行为能力人在幼儿园、学校或者其他教育机构学习、生活期间受到人身损害的，幼儿园、学校或者其他教育机构应当承担侵权责任；但是，能够证明尽到教育、管理职责的，不承担侵权责任。

《民法典》第一千二百条规定：限制民事行为能力人在学校或者其他教育机构学习、生活期间受到人身损害，学校或者其他教育机构未尽到教育、管理职责的，应当承担侵权责任。

《民法典》第一千二百零一条规定：无民事行为能力人或者限制民事行为能力人在幼儿园、学校或者其他教育机构学习、生活期间，受到幼儿园、学校或者其他教育机构以外的第三人人身损害的，由第三人承担侵权责任；幼儿园、学校或者其他教育机构未尽到管理职责的，承担相应的补充责任。幼儿园、学校或者其他教育机构承担补充责任后，可以向第三人追偿。

典藏之语

未成年人是祖国的未来、民族的希望。中小学幼儿园的管理者不仅要制定教育管理的规章制度，更要切实履行教育管理的责任。校园安全无小事，任何一起校园安全事故都可能对学校和家庭产生深远影响。严格履行教育管理职责，既是保护未成年学生的需要，也是落实学校自身安全责任的需要。

（作者：周仕帅）

好意同乘应减责　莫让施惠人寒心

故事梗概

2021 年 6 月 5 日上午，李二免费搭乘张三驾驶的三轮摩托车前往工地施工，下午返回时李二继续免费搭乘张三的三轮摩托车，途经一处下坡路段时，三轮车刹车失灵，张三紧急驾车靠右沿山边滑行倒地，李二左小腿受伤。事故发生后，李二被送至医院住院治疗 51 天，共花费医疗费 79000 元，张三垫付了医疗费 20000

元。出院医嘱明确“2个月内严禁左下肢下地负重、过度活动；3个月内避免重体力劳动”。

此后，李二、张三因责任承担赔偿问题发生纠纷，李二诉至法院要求张三赔偿医疗费、误工费、护理费、住院伙食补助、后期医疗费等费用共计75069.64元。

法院判决

法院认为：《民法典》第一千二百一十七条规定：“非营运机动车发生交通事故造成无偿搭乘人损害，属于该机动车一方责任的，应当减轻其赔偿责任，但是机动车使用人有故意或者重大过失的除外。”

本案中，张三曾多次搭载李二，并未收取任何费用，应当视为好意同乘，且张三并无接送李二去工地施工的约定或法定义务，故张三的行为符合《民法典》第一千二百一十七条规定的非营运机动车发生交通事故造成无偿搭乘人损害的情形，依法应当减轻张三的赔偿责任。

最终，法院判决张三在本案交通事故中承担75%的赔偿责任。

法条解读

日常生活中，同事之间顺路搭车上下班、朋友之间免费接送的情况十分常见，若在途中发生交通事故造成搭乘人受伤，机动车一方是否应当承担赔偿责任，《民法典》在第七编第五章对此有专门规定。

《民法典》第一千一百七十九条规定："侵害他人造成人身损害的，应当赔偿医疗费、护理费、交通费、营养费、住院伙食补助费等为治疗和康复支出的合理费用，以及因误工减少的收入。造成残疾的，还应当赔偿辅助器具费和残疾赔偿金；造成死亡的，还应当赔偿丧葬费和死亡赔偿金。"

《民法典》第一千二百零八条规定："机动车发生交通事故造成损害的，依照道路交通安全法律和本法的有关规定承担赔偿责任。"

《民法典》第一千二百一十七条规定："非营运机动车发生交通事故造成无偿搭乘人损害，属于该机动车一方责任的，应当减轻其赔偿责任，但是机动车使用人有故意或者重大过失的除外。"

一方基于好意让另一方无偿搭乘机动车的行为，即为"好意同乘"，是一种助人为乐的行为，如果不减轻好意一方的责任，有违公序良俗、社会公德，与助人为乐的中华民族传统美德背道而驰。实践中，一旦发生交通事故，除了搭乘人受到损害外，机动车一方往往也会遭受人身伤害、车辆损失，这种情况下，如果要求机动车一方完全赔偿搭乘人损失，以后将没人敢再善意助人。

典藏之语

好意同乘是一种善意施惠行为，符合中华民族优良传统美德，应在社会层面予以提倡鼓励。《民法典》在总结司法实践经验的基础上，既规定机动车使用人免费接送他人如发生意外可减轻其赔偿责任，又规定机动车使用人有故意或重大过失的不免责，为公众提供了良好的行为指引。《民法典》的规定倡导公民既然想要帮助别人，就要做到尽心尽责。该规定有助于弘扬社会主义核心价值观，增进社会成员的相互信任，形成良好的社会风气。

（作者：周仕帅）

家务劳动有价值　应该赔偿误工费

故事梗概

2021年6月，送外卖的颜先生骑电动自行车由南向北行驶，马女士推婴儿车由南向北步行，双方发生交通事故致使马女士受伤。事故经交管部门认定，颜先生负全部责任。因双方就赔偿金额未达成一致意见，故马女士将颜先生、配送服务公司及保险公司诉至法院，要求赔偿误工费27834元。

颜先生辩称，事发时其给某平台送外卖，因为周边都是汽车，道路较窄才发生事故，配送服务公司为其投保了雇主责任保险，故应由保险公司赔偿。

配送服务公司辩称，事发时颜先生是为配送服务公司送外卖，配送服务公司已为其投保雇主责任保险，应由保险公司赔偿，超出保险范围的，配送服务公司同意赔偿。

保险公司辩称，颜先生所在公司投保雇主责任险，本案为侵权责任纠纷，将保险公司作为本案被告于法无据。保险公司可以在保险合同纠纷案件中，在保险单约定的保险责任范围内对被保险人承担保险责任，故请求驳回原告的诉讼请求。

法院判决

法院经审理后认为，涉案交通事故经公安机关交通管理部门认定，颜先生负全部责任。经诊断，马女士软组织损伤，跖骨骨折，医生建议全休 3 个月，下肢支具固定、不负重。颜先生的公司在保险公司投保的雇主责任险中包含 45 万元的第三者责任保险，故保险公司应当按照保险合同的约定在责任限额范围内予以赔偿。

马女士虽未提供误工损失证明，但其提交的证据可以证实其事发前负责照看 1 岁多的小孙女，这种家务劳动的价值应当得到尊重，并在遭受侵权损害时得到适当补偿。其主张的损失期限适当，但标准过高，对误工费的金额法院会根据实际情况酌情判定。

法院最终判决保险公司赔偿马女士误工费 13500 元。

宣判后，各方当事人均未上诉，现该判决已生效。

法条解读

《民法典》第一千一百七十九条规定："侵害他人造成人身损害的，应当赔偿医疗费、护理费、交通费、营养费、住院伙食补助费等为治疗和康复支出的合理费用，以及因误工减少的收入。造成残疾的，还应当赔偿辅助器具费和残疾赔偿金；造成死亡的，还应当赔偿丧葬费和死亡赔偿金。"

《最高人民法院关于审理人身损害赔偿案件适用法律若干问题的解释》第七条规定："误工费根据受害人的误工时间和收入状况确定。误工时间根据受害人接受治疗的医疗机构出具的证明确定。受害人因伤致残持续误工的，误工时间可以计算至定残日前一天。受害人有固定收入的，误工费按照实际减少的收入计算。受害人无固定收入的，按照其最近三年的平均收入计算；受害人不能举证证明其最近三年的平均收入状况的，可以参照受诉法院所在地相同或者相近行业上一年度职工的平均工资计算。"

确认误工费是实现民事权利公力救济的一种方式。我国法律法规规定的误工费赔偿，以受害人有无收入来源为评判标准，是采取的劳动能力丧失赔偿制度，不以年龄进行限制，即不论年龄大小、劳动能力强弱，只要受害人遭受了收入的丧失或减少，就应当获得赔偿。一般来说，收入的丧失或者减少，需要受害人证明存在收入及事故发生导致收入减少。但是，对于一些在家务农或者是类似本案照顾孩子等情况，受害人客观上确实具有劳动能力，且从事劳动的情况下，即便受害人无法举证收入情况及收入减少的金额，法院也可以参照受诉法院所在地相同或者相近行业上一年度职工的平均工资计算误工费。

本案中，就误工时间，马女士经就诊医院诊断，需全休3个月；就收入状况，马女士照看小孙女，虽未增加家庭收入，但其付出的劳动为家庭节约了成本，其在家照顾孩子的付出具有一定经济价值，在遭受侵权损害时应得到适当补偿。这也符合我国《民法典》的公平原则。基于上述考虑，法院在酌情进行调整之后支持了误工费损失 13500 元。

典藏之语

无论是在家照顾家庭的全职家庭主妇，还是帮忙照看孙子孙女的老人，其从事家务劳动虽未增加家庭收入，但切实减少了家庭支出，对于家务劳动的价值应当予以尊重。法院通过该案例突破了对误工损失的常规理解，充分肯定家务劳动的价值。这一判决的价值导向值得宣扬与倡导。

（作者：徐芬芬）

新冠疫情期间擅闯小区受伤物业公司是否担责

故事梗概

原告黄某于2020年6月10日由上海市来到天津市河东区某小区探望祖母。彼时正值部分地区出现新冠疫情，天津市有关部门发布通知，要求严格落实社区出入口值班值守，加强验码、亮码、登记等疫情防控措施。被告某物业公司为该小区物业管理方。

2020年6月19日，黄某骑共享单车进入小区，某物业公司值守保安当即要求其停车接受亮码、登记等疫情防控检查。黄某听到有人呼喊后回头观看，随即加速向前骑行。值守保安即骑车追赶正在骑行的黄某，后保安伸手接触黄某背部时黄某倒地并受伤。

此后黄某将某物业公司诉至法院，要求赔偿医疗费、交通费、营养费、护理费、误工费等各项损失共计57501.3元。

法院判决

法院经审理认为，本案中被告某物业公司根据天津市卫生健康委员会发布通知的要求，在新冠疫情期间严格落实社区出入口值班值守，加强验证、亮码、登记等疫情防控措施。原告应当知晓某物业公司具有排查出入小区人员的职责，原告出入小区亦应当依法对物业管理人员的疫情防控工作予以配合。相关视频资料及当事人在公安机关的询问笔录显示，原告对于物业保安人员要求其停车的事实是明知的，原告发现物业保安人员向其呼喊并追赶后，没有停车配合物业人员工作，而是加速继续骑行，这足以使物业保安人员相信原告存在故意摆脱检查的可能性。物业保安人员坚持拦截原告，没有过错，不应当承担赔偿责任。

基于上述理由，法院依法驳回了原告全部诉讼请求。

法条解读

《民法典》第二百八十五条第二款规定，物业服务企业或者其他管理人应当执行政府依法实施的应急处置措施和其他管理措施，积极配合开展相关工作。与此相对应，业主及进出小区的人员对于物业公司执行应急处置措施和其他管理措施的行为，应当依法予以配合。物业服务企业响应政府政策，加强物业服务区域出入口管理有一定的法律依据。上述法院的判决以及该判决最终被列入2022年2月25日最高人民法院发布的《人民法院贯彻实施民法典典型案例（第一批）》，足以证明在裁判角度对物业服务企业加强小区出入口管理行为的正当性的肯定。

与此同时，物业公司在对小区出入口进行管理时，其权利仅限于执行政府依法实施的应急处置措施和其他管理措施。在具体执行过程中，物业公司仅是一般民事主体，不具有行政机关的职权，在落实具体工作的时候，必须注意把握尺度，不能擅自加码。例如：物业公司可以加强出入口管理，但若无政府机关的明确指示，物业公司无权直接对小区实行封闭管理；物业公司可以要求进小区人员测温、亮码，但无明确规定允许物业公司对拒不配合登记信息、测温、亮码等要求的主体采取强制措施。

典藏之语

本案是人民法院依法处理涉疫情防控措施民事纠纷，为社区依法实施应急处置措施提供司法保障的典型案件。疫情防控形势严峻时，社区是疫情联防联控的第一线，是遏制疫情扩散蔓延的重要战场，必须落实落细各项防控措施。查码验行虽然给居民日常出行增添了些许麻烦，却是防控疫情的必要举措，每个公民都应积极予以配合。

本案中，审理法院严格把握侵权责任的归责原则，依法支持社区履行防疫职责，有助于引导社会公众自觉遵守防疫秩序，凸显了司法服务和保障大局的作用。

（作者：徐芬芬）

产品存在缺陷　厂商应当赔偿

故事梗概

2020 年 2 月 11 日，王某通过琦宇珈公司开设的淘宝网店购买了杭州赫朗公司生产的免打孔单杠。2020 年 3 月 12 日，王某在家中使用该单杠锻炼时，单杠两端与两侧墙体接触部位的墙皮脱落，单杠从墙上滑脱，王某坠地受伤。事发当日，王某被送往医院就诊，治疗期间自费支出医疗费共计 6945.34 元。

王某认为案涉产品存在明显缺陷，遂向法院起诉要求销售商琦宇珈公司及生产商杭州赫朗公司共同赔偿医疗费 6945.34 元、护理费 22500 元、营养费 4500 元、后续治疗费 132000 元、精神损害抚慰金 2 万元。

法院判决

法院认为，消费者因购买、使用商品或者接受服务受到人身、财产损害的，享有依法获得赔偿的权利。消费者或者其他受害人因商品缺陷造成人身、财产损害的，可以向销售者要求赔偿，也可以向生产者要求赔偿。本案中，王某就诊支出的医疗费属于合理损失，应获赔偿。王某主张的护理费和营养费有鉴定意见相佐证，法院可予以支持，但王某主张的金额偏高，法院予以调整。最终，法院判决琦宇珈公司、杭州赫朗公司赔偿王某医疗费6945.34元、护理费4200元、营养费3000元、后续治疗费107000元。

法条解读

产品侵权责任是指产品的生产者、销售者因生产、销售缺陷产品造成他人损害应当承担的侵权责任。产品责任实行严格责任，即不论生产者、销售者是否有过错，受害者只要能够证明产品有缺陷，生产者、销售者就应该向受害人承担赔偿责任。生产者在产品生产过程中处于优势地位，其掌握产品生产的技术、工艺，能够及时认识到产品存在的缺陷并设法避免。绝大多数消费者并不了解生产过程且缺乏相应的专业知识，不可能发现产品的缺陷并及时防止危险。正是由于生产者所处的特殊地位，法律才将产品责任规定为无过错责任。《民法典》对此规定如下：

《民法典》第一千二百零二条规定，因产品存在缺陷造成他人损害的，生产者应当承担侵权责任。

《民法典》第一千二百零三条规定，因产品存在缺陷造成他人损害的，被侵权人可以向产品的生产者请求赔偿，也可以向产品的销售者请求赔偿。产品缺陷由生产者造成的，销售者赔偿后，有权向生产者追偿。因销售者的过错使产品存在缺陷的，生产者赔偿后，有权向销售者追偿。

《民法典》第一千二百零四条规定，因运输者、仓储者等第三人的过错使产品存在缺陷，造成他人损害的，产品的生产者、销售者赔偿后，有权向第三人追偿。

《民法典》第一千二百零五条规定，因产品缺陷危及他人人身、财产安全的，被侵权人有权请求生产者、销售者承担停止侵害、排除妨碍、消除危险等侵权责任。

典藏之语

在产品侵权责任纠纷中，生产者、销售者承担着更重的举证责任。一般认为，产品缺陷可从以下两个方面进行认定：一是产品存在一种不合理危险；二是产品不符合法定安全标准。对于符合法定安全标准，但具有不合理危险的产品，仍视为缺陷产品，即产品质量合格并不等同于产品不存在缺陷。产品生产者应切实承担社会责任，在产品投入市场前，应做到最大限度的检验测试以确保产品无不合理风险，尽可能避免给消费者造成损害。

（作者：周仕帅）

后记

让民法典走进乡村　深入千家万户

2020 年 5 月 28 日，《民法典》经第十三届全国人民代表大会第三次会议表决通过，于 2021 年 1 月 1 日起正式施行。《民法典》是中华人民共和国成立以来第一部以“法典”命名的法律，是新时代我国社会主义法治建设的重大成果。

《民法典》涉及的领域贯穿每位公民的一生，几乎所有民事活动，大至房屋买卖合同签订，小到物业费交纳，都能在《民法典》中找到依据。

《民法典》以民为本、为民立法，反映了人民的需求、保障了人民的权益。《民法典》广泛确认了个人所享有的各项人身权益和财产权益，并规定了完善的权利行使和救济规则，不仅满足人们的物质生活需要，而且满足了人们的精神生活追求。

“纸上得来终觉浅，绝知此事要躬行。”《民法典》要实施，就必须走到群众身边、走进群众心里。要广泛开展《民法典》普法工作，将其作为“十四五”时期普法工作的重点来抓，引导群众认识到《民法典》既是保护自身权益的法典，也是全体社会成员都必须遵循的规范，养成自觉守法的意识，形成遇事找法的习惯，培养解决问题靠法的意识和能力。要聚焦《民法典》总则编和各分编需要把握好的核心要义和重点问题，阐释好《民法典》关于民事活动平等、自愿、公平、诚信等基本原则，阐释好《民法典》关于坚持主体平等、保护财产权利、便利交易流转、维护人格尊严、促进家庭和谐、追究侵权责任等基本要求，阐释好《民法典》一系列规定、概念、精神。

后记　让民法典走进乡村　深入千家万户

“徒法不足以自行。”再好的法律，也需要正确的理解、自觉的遵守、公正的司法。《民法典》实施以来，许多法律观念已经深入人心，人民群众的法律意识进一步增强。第一，整个社会层面更加充分认识到实施《民法典》的重大意义，提高了开展《民法典》实施工作的积极性和主动性；第二，在国家立法层面，确保《民法典》的统一性，及时修改民事法律、制定出台相应司法解释；第三，各级司法机关加强《民法典》执法司法活动，提高审判水平和效率、保障《民法典》的实施；第四，加强《民法典》普法工作，增强人民群众法治意识，让大家了解《民法典》、遵循《民法典》、运用《民法典》，形成全民学法、守法、用法的良好氛围；第五，加强我国民事法律制度理论研究，努力构建中国特色民法理论体系。与此同时，《民法典》实施是一个长期性的系统工程。针对《民法典》涉及面广、法律条文多、理论深度大、新增内容多等特性，更应该加大对《民法典》的宣传及普及力度。

我国属于农业大国，“三农”问题历来是国家高度重视的问题，相对来讲，广袤乡村依旧是《民法典》普及亟待加强的薄弱环节。基于此，应当持续精进、方式创新，开启新征程、体现新担当，为乡村振兴和乡村普法做出新的更大贡献。

《法制文萃报》通过以案说“典”、热点关注、送法下乡、读者回信等，切实让《民法典》走到群众身边、走进人民心里。

《以案说“典”》通过剖析一个个案件、一起起纠纷，让读者感受到公平正义，为不断增强全民法治观念奠定基础，助力法治社会、和美乡村（社区）建设。

李学辉